JN078419

高速取引・AI・アルゴ
のやっかいな値動きに負けない
弱者でも勝ち続ける
「株」投資術

伊藤智洋

日本実業出版社

◉はじめに

　『ハンターハンター (HUNTER×HUNTER)』という漫画で、主人公のゴンと、その友達のキルアが、天空闘技場の200階に到達して、200階のフロアの奥へ向かう際、ヒソカの念によって、先へ進めなくなるシーンがあります。その状況を、師匠であるウイングさんが「極寒の地で、全裸で凍えながらなぜつらいのかわかっていないようなもの」とたとえます。

　天空闘技場の200階以上は、どんなに格闘家として強くても、念を知らなければ、相手にさわることもできずに負けていくことになります。

　日経平均株価指数の売買に挑戦している先物初心者の方も、なぜ自動的に負け続けているのかがわからないまま、「自分の建玉が狙われている」といった勝手な妄想を抱きつつ、勝負の場から撤退していることが多いのではないかと思います。

　一般投資家の現状は、念を知らずに天空闘技場の200階で戦闘を繰り返しているようなものです。

　株式市場の値動きのパターンについて、従来の教科書に書いてある必要十分な知識を持っていざ参戦しても、現在の市場では仕掛けた建玉が毀損し続けることになります。

　自分の予想が正しくても、結果として負けてしまう理由

は、陰謀があって、日本の個人投資家が狙われているとか、そういうものではありません。

　株式市場を取り巻く環境が変わり、個人投資家にとって、厳しい状況になってきているにもかかわらず、株式市場へと勧誘したい側は、その変化によって、あらわれている不利になる部分を、積極的に伝えようとしてこなかったからです。

　最も新しくなければいけないはずの投資の教科書は、いつも古いままなのです。

　本書では、正直に過去と現在の投資環境の変化を伝え、どのように対処していくのかを提案しています。

　本書のやり方で株式投資に対処していくためには、そのやり方がどのような考え方に基づくものなのかをきちんと理解していることが必要です。

　そこで、以下では、まず、投資の仕方の2通りの方法について説明し、本書の投資の仕方がどちらなのかを書いておきます。

　株式投資の仕方には大別すると2つのパターンがあります。

　1つ目は、企業の成長を期待して買うというもので、2つ目は、そのときに人気のあるものを買うというやり方です。

　成長を期待した投資は、「価格を動かすに足る材料が明確にある状態だ」という判断で仕掛けるやり方です。

　その分野に対する期待値が高いのか、特定の商品への期

待値が高いのか、企業の収益性が高く高配当を継続しているからか、社長のやる気・人間性に期待できるのか……など、投資家がそれぞれの基準に合わせて判断し、いずれは多くの市場参加者に注目されると考えられるから事前に買っておこう、と考えて投資します。

　注目されるのがいつか、どのくらい上がるのかもわかりません。まったく人気のないものが人気化するのを、自分の期待（思い込み）を信じてひたすら待つ投資です。

　資金に余裕のない投資家であれば、買った銘柄が思いどおりに上昇する前に、仕掛けたときの考えを貫けず、手じまいしてしまうことがほとんどです。

　一方、そのときに人気のあるものへの投資は、「多くの人たちが積極的になることで生じる事象」の先を見る投資なので、意識的・無意識的な大衆行動の原則が働きやすいため、いつまで、いくらまでという推測が成立します。

　株式市場で積極的に価格が動いている場合、その動きには、多くの市場参加者の考えている未来、共通の認識が反映されます。市場参加者は、過去の値動きを参考にして未来を想定しているので、過去にまったくあらわれたことのない値動きにはなりにくいともいえます。

　ただ、人気というものは、中身のない空洞なので、いつでも消し飛んでしまいます。そのため、時間の区切りを見極めることが重要になります。

　時間と値幅に区切りをつけて、どこで仕掛けるか、どれだけの利益を期待できるのか、どの程度の損失を許容するのかについて、事前に戦略を練っておく必要があります。

成長を期待した投資に用いるのはファンダメンタルズ分析、そのときに人気のあるものへの投資に用いるのはテクニカル分析がメインとなります。

　ファンダメンタルズ分析は、長く、大きく上げる可能性があるかどうかをおおまかに推測するために使います。

　テクニカル分析は、一定期間で利益を得るために使います。

　以上の株式投資の仕方のなかで、本書では、そのときに人気のあるものを買うやり方と、そのために用いるテクニカル分析の使い方について解説します。

　その際、まずはこれまでずっと投資家に重宝されてきたテクニカル分析が、現在の相場でも有効に機能しているのか否かにフォーカスしています。

　そして結論からいえば、現在の相場において、従来のテクニカル分析は有効に機能していないといえます。本書では、従来のテクニカル分析が有効に機能していない理由と、ではどのような予想の仕方が有効なのか、それをどう使って儲けていくのかについて解説していきます。

　本文に入る前に、ここではまず、そもそもテクニカル分析が役に立つ銘柄と、そうでない銘柄を簡単に分けておきます。

　テクニカル分析での戦略や予測が最も有効に機能する銘柄とは、「毎年、同じ材料で資金が移動している銘柄」で

す。

　われわれ個人投資家が高い確度で儲けることができるのは、ある程度安定したトレンドのある値動きです。そしてそれを支えるのは大口投資家の売買です。人気とは空洞で形のないものなので、たまたま価格が急上昇、急下降したからといって、そこには不確実性しかありません。先行きが不安定なものに対して、大口の機関投資家が積極的に市場へ参加する状況は考えにくいといえます。

　私の経験からすると、株式相場の安定したトレンドのある動きは「投資資金の移動」によって形づくられているといえます。そしてその動きは、政府の年度替わり、企業の決算、商品の需給、政府による経済支援など、経済活動をきっかけとして、毎年、必ずあらわれています。

　個々の銘柄に特有の要因ではなく、こうした経済活動によってあらわれる資金移動を要因とする動きの場合、その動きは、一定期間、一定方向へ相場を導く材料になります。

　そして相場を生業とし、短期で利益を得ることを目的としている機関投資家は、こうした資金移動を要因として、「毎年必ず一定の上げ・下げがあらわれてしまう銘柄の振れ幅を大きくする」ことで、より多くの利益を得るための戦略を練っています。

　そうした銘柄は何かといえば、季節性の強い商品先物市場と関係の深い銘柄や、日経平均株価に採用されている銘柄などがそうであり、何より日経平均株価という指数がその最たるものだといえます。

日経平均株価の値位置は、景気判断の目安の1つになっています。そのため、政府のその年の経済対策や、日銀の金融政策が日経平均株価の流れとしてあらわれます。日経平均株価に採用されている銘柄には、個別銘柄の値動きに加えて、その年ごとの政策に沿った日経平均株価の流れが反映されています。

　筆者はかつて『株は1年に2回だけ売買する人がいちばん儲かる』(2015年、日本実業出版社刊) という本を上梓しました。
　その内容は、「毎年繰り返される資金移動の事情を利用して、利益を出す方法」です。
　2015年の時点では、まだ、日経平均株価指数だけでなく、日経平均株価採用銘柄、市場全体の動きに沿った流れをつくりやすい銘柄の場合、市場全体が下げやすい時期から上げやすい時期に変化する場面で買いを入れて、市場全体が上げやすい時期から下げやすい時期へ変化するときに手じまいする取引を実行すれば、利益になる可能性がありました。
　しかし、そこからたった7年のあいだに投資環境は激変しています。高速取引 (HFT) やAIによるアルゴリズム取引の影響により、テクニカル分析での予測にしたがって1年に数回の売買をゆっくり行ない、利益を上げ続けることがむずかしくなっています。

　本書ではまず、投資環境にどのような変化があったのかを紹介して、その変化によって、すでに有効に機能しなくなったテクニカル分析の見方や戦略について触れ、その後

に、いま利益を上げるために必要な方法、具体的にはゆっくりした長期の売買に加えて、保険のための短期の売買をセットで行なう方法について解説していきます。

　そうした観点からいえば、本書で解説する投資戦略・戦術が最もフィットするのは、投資資金の移動に伴って投機的な値動きとなりやすく、テクニカル分析の当てはまりの良い銘柄の代表である日経平均株価指数です。実際の取引で使う銘柄は、日経225先物や日経225先物ミニ（225mini）、そのCFDになります。

　もちろん、日経平均株価採用銘柄であれば、個別銘柄にも有効です。

　そして実は、日経平均株価指数の動きを知ることは、ほとんど連動性がないと思われる中小型株や新興株にも有効です。

　個人投資家の多くは中小型株や新興株の売買を好みますが、たとえば自分の年間の資産の上下の動きを振り返ってみると、結局、日経平均株価が高かったときにピークをつけて、日経平均株価が下がったときに連れ安しているケースが多いことでしょう。なぜなら、たとえ日経平均株価との相関性がほとんどないと思われるような銘柄の売買であっても、市況（日経平均株価）が良いときには総じて買ったポジションが利益になりやすく、悪いときにはその成功率が下がるからです。

　したがって、本書の内容は、日経平均株価指数を売買する人だけではなく、株式投資を手がけるすべての人に役立つことは間違いありません。

本書では、現在の株式市場で役に立つ値動きの読み方を紹介しています。そして、それを知ったうえで、どうやって売買したら勝つことができるのかという戦略と戦術を提案しています。

　本書を読んだすべての方が、自らの投資を利益に結びつけることができるようになれば、これに勝る幸せはありません。

2023年1月

伊藤智洋

◉はじめに

CHAPTER 3

長期の売買をメインにして保険のための短期の売買を組み合わせる方法

CHAPTER 4

1年間（長期）の日経平均の動きを予測してシナリオをつくる方法

CHAPTER 5

仕掛ける際に役立つ 「日経平均の1日の値動き」の 読み方

CHAPTER 6

売買戦略と戦術の実際

CHAPTER
7

実際に戦略と戦術を
実行してみる

装丁・DTP　村上顕一

株式市場を取り巻く環境は
大きく変化した!

投資環境が
大きく変わったことによる
影響とは？

　株式投資や株価指数先物のトレード、FXや商品先物の
トレードにテクニカル分析を活用する人が多いと思います。
その際に、多くの人は以前から投資家がみなやってきたこ
とが現在も同じように続いているのだと思ってしまうかも
しれません。

　しかし、たとえば1分ごとの価格の変化を示すチャート
などを簡単に確認できる状況になったのは、そんなに昔の
ことではありません。

　また、現在は、日経225先物なら夜間でも取引できるし、
CFDであれば夜間に加えて日本の祝日でさえも取引でき
る状況となりました。2022年9月からは、先物でも祝日取
引が始まりました。以前とは比較にならないほど、海外と
国内のズレを感じることのない状態となりました。

　もっと遡って1990年以前と比較するなら、そもそも1か
月の営業日にも違いがあります。1983年8月以前は、週休
1日で、その後、第2土曜日が休みとなりました。1986年
8月から、第2土曜日と第3土曜日が休みとなり、1989年2
月から、全土曜日が休場になりました。1990年以前は、1
か月の営業日が25日、26日でしたが、現在は、20日、21
日となっています。資金移動が投資に影響を与えていると

見るなら、給料の支払われる1か月という区切りの変化は無視できません。

　投資手法を考えるにあたっては、まず、こうした環境の変化を知っておくべきです。

　よく知られているテクニカル指標に、一目均衡表というものがあります。

　一目均衡表は、投資家がチャートを手書きしていた時代からあるテクニカル指標で、「基準線」「転換線」「先行スパン1」「先行スパン2」「遅行スパン」という5つのラインを使って、値動きの方向と変化を視覚的にとらえることができます。

　一般的に知られているそれぞれのラインの作成方法は、以下のとおりです。

　基準線は、過去26日間の最高値と最安値の中心値を結んだ線で、転換線が過去9日間の最高値と最安値の中心値を結んだ線です。

　先行スパン1は、基準線と転換線の中心を、26日先に先行させて記入します。

　先行スパン2は、過去52日間の最高値と最安値の中心を、26日先に先行させて記入します。

　先行スパン1と先行スパン2に囲まれた部分を「雲」と呼びます。

　遅行スパンは、当日の終値を26日前に記入します。

　計算期間や記入方法から推測できるとおり、一目均衡表では、26日という期間を重視しています。

　この日柄は、コンピュータを使ってシミュレーションを

繰り返して到達した期間ではありません。作者が、チャートを手書きで作成する時代に、数えきれない数のチャートに一目均衡表を引いた結果、最も有効だと判断した期間です。

　当時、1か月の営業日が25日、26日だったことを考慮すると、1か月単位の資金移動の事情がチャートに影響しているのではないかと推測することができます。

　私は、1998年に『チャートの救急箱』（投資レーダー刊）という本を上梓していますが、この本のなかでもすでに、「26日という日柄を21日くらいに変更するほうが妥当ではないか」と解説しています。

　しかし、現時点でも、多くの人に使われている一目均衡表は、26日という日柄のままとなっています。私自身もその有効性を厳密にシミュレーションしてみたわけではありませんが、1か月の営業日数が当時と変わってしまったいまの相場においては、26日という日柄のままであるのは、再考の余地があるのではないかと考えています。

　この例に限らず、一般に紹介されているテクニカル分析の読み方や相場の見方は、投資環境の変化を考慮していないものがほとんどです。

　投資環境がどれほど変わってきたのか。とりわけここ数年の変化は非常に大きなものがあります。本書ではまず、過去と現在の投資環境がどれほど変化しているのかと、そのことによって、値動きの見方がどのように変わっていると考えるべきなのかについて解説していきます。

SECTION 1-2 > 「終値の持つ意味」が変わった

　次ジ**図表1-1**は大阪取引所と東京証券取引所の変遷です。
　これを見ると、銘柄数が増えて、取引時間が徐々に長く
なり、投資環境が整ってきていることがわかります。
　たとえば、1988年は、大阪取引所で日経225先物取引が
開始されています。そして、1989年に日経225オプション
取引が開始されました。その後、日経平均株価の右肩上が
りの上昇が終焉します。ご存知のとおり1989年12月に日
経平均株価が大天井をつけて下落を開始、いわゆるバブル
の崩壊です。
　先物、オプション取引が開始されたことで反対売買のヘ
ッジ取引ができる仕組みができ、市場全体が下落する場面
でも大きく利益を得ることができるようになった直後に、
株価が大きく下げ始めているのですから、バブル崩壊が準
備されていたのではないかと考えることも、それほど穿っ
た見方ではないと思います。

　2007年からは、株価指数先物のイブニング・セッショ
ンが開始されます。最初は、16時30分〜19時の時間帯で
スタートしたものが、2008年には取引終了時間が20時ま
で延長されます。

図表1-1 ▶ 大阪取引所と東京証券取引所の変遷

年/月/日	大阪取引所 (旧大阪証券取引所)	東京証券取引所
1987/6/9	株式先物市場開設 株券先物取引「株先50」取引開始	
1988/9/3	日経225先物取引開始	TOPIX先物取引開始
1989/6/12	日経225オプション取引開始	
10/20		TOPIXオプション取引開始
12/18	日経225オプション取引のシステム売買を開始	
1994/2/14	日経300先物・オプションの取引を開始	
1996/4/1	日経300先物取引に係る限月間スプレッド取引開始	
1997/5/16	日経225先物取引に係る限月間スプレッド取引開始	TOPIX先物取引に係る限月間スプレッド取引開始
1999/4/13	システム売買へ完全移行	
5/6		システム売買へ完全移行
11/29	先物・オプション取引の立会外大口取引開始	
2000/11/29	株価指数先物・オプションの立会外取引制度を導入	
2006/7/18	日経225mini取引開始	
2007/9/18	イブニング・セッション (株価指数先物・オプション取引について16時30分から19時までの取引時間) の開始	
2008/6/16		ミニTOPIX先物取引、TOPIX Core30先物取引、東証REIT指数先物取引を開始 指数先物・オプション取引に係るイブニング・セッションを開始 指数先物取引サポート・メンバー制度を導入
10/14	イブニング・セッションの取引時間延長 (取引時間を20時までに延長)	
11/4	コロケーション・サービスの開始	
2010/7/20	イブニング・セッションの取引時間延長 (取引時間を23時30分までに延長)	
7/26		日経平均・配当指数先物取引、TOPIX配当指数先物取引、TOPIX Core30配当指数先物取引を開始
2011/7/19	ナイト・セッション開始 (取引時間を午前3時までに延長)	
11/21		先物取引システムを「Tdex+ (LIFFE CONNECTR)」に統合 取引時間の延長 (国債先物取引、指数先物取引及び指数オプション取引)
2014/3/24	大阪証券取引所と東京証券取引所のデリバティブ市場を統合し売買システムをJ-GATEに一本化	
2016/7/19	東証マザーズ指数先物取引、台湾加権指数先物取引、FTSE中国50先物取引、JPX日経インデックス400オプション取引を開始 取引時間の拡大 (指数先物取引に係る日中立会開始時刻を午前8時45分に前倒し、ナイト・セッション立会時間を午前5時30分までに延長)	

　とはいえ、20時までの時点では、イブニング・セッションは日本市場に多大な影響を及ぼす米国市場が動き出す前に取引が終了してしまうため、「日中の株式市場、先物市場の値動きがやや延長された」だけであり、終値の持つ意味が変わるわけではありません。

　投資家は、その日の夜の米国市場の動向を考慮して、日中のうちに短期売買の手じまいを考えておくことが必要であり、まだ「始値、終値には、市場参加者の海外市場を含めた判断の基準が集約している」と見られる状況です。

　しかし、2010年にイブニング・セッションが23時30分までに延長され、その後、2011年7月にナイト・セッションという名前となって翌日の3時まで延長されることになると、日中の株式市場、先物市場の終値の値位置の重要さが徐々に薄れていくことになります。

　もちろん、始値、終値の重要度の変化は、株価指数先物のみに限られません。日経平均株価指数に採用されている市場全体の指標になっている銘柄も、直接的に影響を受けています。その他の個別銘柄であっても大なり小なり市場全体の値動きの影響を受けていますから、始値、終値の重要度に相応の変化が生じていると思われます。

　たとえば、市場全体の指標になっているような銘柄に、短期で利益を得ることを目的として買いを入れていたとします。その晩の米国市場の動向によって、翌日の市場全体が弱気に推移する可能性があると思われる場合、2010年以前なら、「日中の終値で手じまいして、米国市場の動向を見極めて、翌日仕掛け直す」ことを考えます。

　しかし、2010年以降は、「日中の買いを維持したまま、米国市場が弱気の流れをつくる可能性のある状況へ入ったら、ナイト・セッションで225先物の売りを仕掛けて、対応する」ことができます。

　2011年にナイト・セッションが3時までに延長された時点で、テクニカル指標のベースになる値（始値、終値）の意味が変化したといえますし、市場全体の指標になっている銘柄とそうでない銘柄のあいだでも、終値と始値の重要度に違いがあらわれているという見方ができます。

　さらに2016年には、日中取引の開始時間が8時45分となって、ナイト・セッションが5時30分まで延長されました。

　そして、現在は、日経225先物、オプションの日中の立会時間が8時45分から15時15分、夜間の立会時間が16時30分から翌日の6時までとなっています。

　日中の終値から夜間の始値までの取引できない時間帯が1時間15分しかなくなり、NYダウの立会から終了までの時間帯のすべてで、日経225先物での取引が可能となっています。

　従来からある多くのテクニカル指標は、「終値の値位置に市場参加者の思いが詰まっている」ということを前提として、終値を使って算出しています。

　しかし、現在、市場全体の指標になっている銘柄では、テクニカル指標を作成した当時の意図がうまく数値化されていない可能性を考えておく必要があります。

SECTION
1-3 個人投資家を右往左往させる高速取引

現在は、証券会社と取引所のコンピュータを直接つないで、高速で注文することができるようになっています。

高速取引（HFT、ハイ・フリークエンシー・トレーディング）は、コンピュータを駆使した超高速の取引で、過去の価格の動きを統計的に分析し、1秒間に数千回もの高頻度で売買の注文を繰り返します。

株式のほか、デリバティブ（金融派生商品）や外国為替などで使われており、取引規模が大きく流動性の高い市場を取引対象としています（次ﾍﾟｰｼﾞ**図表1-2**）。

1秒間に数千回もの高頻度で売買の注文を繰り返すので、わずかな変化でも利益を積み上げていくことができるため、「割高なものを売り、割安なものを買うという取引」「市場のゆがみを埋めていく取引」が中心になります。

「アルゴリズム」とは、コンピュータで計算を行なうときの手順や計算方法のことです。

相場で利益に結び付くやり方は複数ありますが、その時点で最も効率のよいやり方は限られます。アルゴリズムを使った取引では、その時点で最も効率よく利益を得られる方法を瞬時に解析して、取引を実行します。もちろん、実

図表1-2 ▶ 高速取引の仕組み

一般投資家 ➡ 注文 ➡ 証券会社 ➡ 証券取引所の取引システム

証券会社
ヘッジファンドなど ──────→ JPXコロケーション・サービス
　　　　　　　　　　　自社取引　　取引所が提供するサーバーエリア
　　　　　　　　　　　システムを設置　売買系システム
　　　　　　　　　　　　　　　　　情報系システム
　　　　　　　　　　　　　　　　　清算システム

> JPXの売買システムおよび
> 相場情報配信システムとの距離が極小化され、
> その結果、気配情報の取得および注文の送信時間を
> それぞれ片道数マイクロ秒程度にまで
> 短縮することが可能に

際に運用されているアルゴリズムは、それぞれの会社に固有のものであり、詳細は公開されていません。

　ここでは、代表的なアルゴリズムのパターンの大枠として、アービトラージ系、マーケット・メイク系、執行系、ディレクショナル系の考え方を紹介します。

　アービトラージ系は、市場の動きを分析し、裁定機会（同じ性格を持つ2つの商品のあいだで、割高なものを売って、割安なものを買うことができる機会）を探索して、裁定取引による収益獲得を狙います。

　マーケット・メイク系は、市場に対して買・売の両方の注文を指値提示して、他の取引参加者からの注文を受けることで、スプレッド収益の獲得を狙います。

　執行系は、大量の注文を出して、コストの最小化や、約

定価格の最適化をしていきます。市場に対して大規模な注文を一度に出すと、その注文自身の影響により、需給バランスが崩れ、想定外の変化をもたらす場合もあります。そのような状況にならないように、注文を分割して、1回あたりの数量や頻度を最適化し、頻繁に注文を繰り返します。

　ディレクショナル系は、市場内外から得られるさまざまな情報を分析して、短期的な価格変動を予測し、それに応じた取引を実行します。ディレクショナル系では、ニュースに反応するアルゴリズムというものもあります。社会の動きや異変、経済指数の発表といったニュースを監視し、価格変動に影響する情報が出たとき、即座に反応し、自動的に注文を出します。

　昨今のコンピュータによる売買では、AIによるアルゴリズム取引と高速取引を駆使して、さまざまな手法で利益を得るための仕掛けを行ないますが、そのときの注文方法も、いろいろなタイプがあります。

　ステルス注文は、市場に気づかれないようにカムフラージュして注文を出す方法です。板（注文画面上に表示される売買状況）にはたいした注文がなかったはずなのに、一般の投資家が注文を入れようとするとコンピュータがそれを察知、瞬時に注文を入れてしまうといった手法です。

　見せ板は、他の投資家が注文を入れているように見せる方法です。売買の意思がないのに、特定の値段で大きな注文を出して、特定の値段で取引が集中しているように見せて、停滞していた価格を動きやすくしたり、市場参加者に特定の値位置を意識させたりすることに役立ちます。

アイスバーグ注文は、執行したいボリュームが非常に大きくなる機関投資家が仕掛けるときに使われます。大量の注文をそのまま市場で全量を執行してしまうと、自らの注文で値段が大きく変化してしまう場合があります。価格の急激な変化を防ぐため、大口注文を小口に分割して、可能な限りマーケットの価格形成に影響を及ぼさないように執行する方法です。

こうしたコンピュータによる売買によって、個人投資家はかつてよりも不利な立場に置かれるようになりました。

いちばんわかりやすいのは逆指値注文です。個人投資家の注文方法が成行注文と指値注文がほとんどであることは変わりませんが、これらの注文のほかに、逆指値注文もできるようになりました。

逆指値注文は、主に手じまいするときに用います。買いを入れた建玉をそのままにしておくと、予期せぬ暴落場面で大損してしまうことも考えられますが、買玉に対して逆指値注文を入れておくと、設定した値位置以下へ下げた場合、「成行」または「指値」注文が自動的に発注されて、手じまいとなります。逆に、売玉に対して、逆指値注文を入れておくと、指値に設定した値位置以上へ上げた場合、「成行」または「指値」注文が自動的に発注されて、手じまいとなります。

リスク管理に良いとして普及してきた逆指値注文ですが、コンピュータを相手とした場合、あらかじめ損切りの場所を入力していることは、敵に自分の戦術をさらけ出しているようなものになっています。

「支持・抵抗」は罠として
機能するようになった

　前項で、敵に自分の戦術をさらけ出しているようなもの
になったと書きましたが、そのことによってどのような影
響が出ているのでしょうか。

　いちばん典型的なのは、従来からテクニカル分析で有用
とされてきた支持・抵抗のあり方が変わってきたことです。

　逆張りと呼ばれる投資手法があります。一定の流れがで
きている場面で、その流れが行き過ぎている状態になると、
価格は反転しやすくなります。逆張りは価格の行き過ぎの
動きに狙いをつけて、反転した場面で仕掛け、行き過ぎが
修正される動きを狙う投資の仕方です。

　前項で、高速取引によって、市場のゆがみが狙われると
書きました。そうであれば、価格が行き過ぎてしまう場所
は以前よりも少なくなっているのではないかと考えたくな
りますが、実際には、行き過ぎる場面が少なくなる以上に、
少額の個人投資家にとって、やっかいな事態になっていま
す。

　次ジ**図表1-3**は、押し目をつける場面での過去と現在の
違いを示しています。

　下降の最終段階で、売り一色となって、価格が下げ過ぎ
ている状況です。図表の下段の線が日ベースの動き、上段

図表1-3 ▶押し目をつける場面での過去と現在の違い

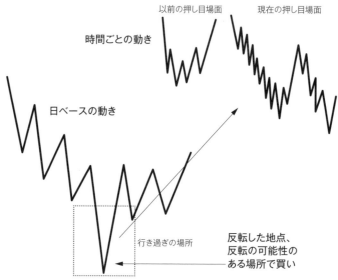

のジグザグの線が時間ごとの動きのイメージです。

　以下は、おおまかなイメージとして書きますので、実際にまったくこのとおりになるわけではありませんので注意してください。

　以前は、押し目をつける場面で、多くの市場参加者が押し目だと推測できる場所の付近で止まり、押し目をつけた後は、徐々に下値堅さを確認する作業を経過して、上昇を開始していました。

　ですから、多くの市場参加者が目安にしている場所を極端に上下に行き過ぎる動きにならず、個人投資家も、せいぜい数度の売り買いを仕掛ければ、（リスク管理のための逆張りの手じまい注文が執行されることはなく）反転場面での仕掛けを利

益にすることができました。

しかし、現在は、多くの市場参加者が目安にしている場所などあてにならず、その地点を大きく下回ってしまいます。

それだけではなく、細かなジグザグと大きなジグザグを何度も繰り返して、何度でも、逆張りの手じまいの場所を抜けて、多くの投資家に損失を確定させる「罠」となっています。

それでもその日に押し目をつけてくれるなら、ジグザグもまだ許容できますが、日ベースでもジグザグを繰り返して、押し目だと推測した地点を何度となく割れて、押し目をつける日がズレていきます。

結果として、押し目をつける場所の見通しは当たっていても、個人投資家の多くが何度かの押し目買いと損切りを繰り返し、あきらめた後に、価格が上昇を開始してしまい、実際の利益に結びつかないという状況になってしまいます。

また、押し目買いと損切りを繰り返す回数が多いと、うまく反転上昇する場面に乗れたとしても、損失分を取り戻す程度で安堵して手じまいしがちで、大きな利益に結びつきにくい状況ができてしまいます。

どうしてこういう動きになるのかといえば、個人投資家が逆張りで買うポイントは、大口の売買が利益を上げやすいポイントだからです。

多くの市場参加者が押し目だと考えている場所では、その手前で多くの押し目買いが入りやすくなります。

一方で、押し目だと推測できる場所を割れると、いっせ

いに手じまいの売り注文が出て、その際、積極的な買いが
少なくなるので、価格がさらに下げることになります。

　大口投資家は、こういう場面で、押し目買いを新規売り
で受けて、さらに一段安となる売りを入れて、価格を下げ
て、損切りの目安となっている場所以下へ価格を押し下げ
る作業を行ないます。

　そして、個人投資家の手じまい売りが一巡する場所で、
自分たちの新規売りを手じまいする買いを仕掛けて、利益
を出していきます。

　この取引は、新規売りを仕掛ける側の取引量が多く、売
り側が圧倒的に有利な状況があるからこそ利益に結びつけ
ることができます。

　とはいえ、多くの市場参加者が反転上昇を期待している
場所なので、一瞬のタイミングを読み間違えれば、価格が
急反転して、新規に売った側が大きな損を出すリスクもあ
ります。小幅な利益を確実に得るための戦略で大損したの
では、割が合いません。

　だからこそ、かつては行き過ぎた後に押し目をつける場
面では、ジグザグを繰り返すにしても、長くジグザグを繰
り返す動きにならなかったわけです。ジグザグが長くなる
なら、それは下げの流れがまだ継続しているだけで、行き
過ぎという判断が間違いだったと素直に考えることができ
ました。

　一方、現在は大口の機関投資家が利益を上げるための取
引が、利益を得られるあいだはずっと、何度も繰り返され
ているような値動きになっています。個人的な推測に過ぎ
ませんが、理由は、AIの計算速度が上がっていることと、

高速取引にあると考えています。一般の投資家の注文の多くは、市場にさらされています。AIは、注文状況を瞬時に計算して、自己資金とのあいだで推測できる勝敗を計算し、勝てるあいだはずっと仕掛け続けているのではないかと考えられます。

　弱者が押し目買いで利益を出そうとしているあいだは、すぐ下に価格を一段安にしてくれる手じまいの売り注文がセットになって入っているのですから、これを売り崩してすぐに買い戻すことで、大口の機関投資家は利益を得続けることができます。

　これは1秒にも満たない時間のなかで、利益計算と仕掛ける場所と注文方法を選択することができるからなせる技だといえます。そして、個人投資家があきらめてしまい、新規の押し目買い注文がまばらになるまで、利益を追求している可能性があります。

　現在は、それができる環境が整っています。

　実際に、そのような取引が実行されているかどうかはわかりません。

　しかし、お金を投資するのですから、考えられる状況は、すべて起こっている事象として見ておくべきなのです。

SECTION

1-5 > 逆張りの
テクニカル指標は
あてにならなくなった

　現在の値動きは以前より「早く」なっていますが、それよりも大きく変わった点を挙げると、1営業日の「値幅」です。とりわけ一定の流れができている場面での1営業日の値幅が大きくなっています。

　値動きのパターン、すなわち、支持・抵抗と推測できる場所や、上値・下値を切り上げる、上値・下値を切り下げるといった値動きの見方は、実は以前とあまり変わりません。

　しかし、そうした値動きのパターンを頼りに実際に取引してみると、1営業日の値幅が大きくなっている分だけ、反対方向へ向かったときの損失の幅が大きくなりやすくなっています。そのため、仕掛ける場所については、以前は日ベースで考えていたものを、時間単位で想定しておく必要が出てきています。

　それでもなお、何度も繰り返されるジグザグには対応しきれません。支持・抵抗は予想の手段としていまも有効に機能しているものの、取引の目安としての値位置は、あてにならなくなっています。

　逆張りの目安になるテクニカル指標の一つに、RSI（相対

力指数）というものがあります。

　RSIは、一定期間の相場における「値上がり幅」と「値下がり幅」を活用して、値動きの強弱を数値であらわし、買われ過ぎなのか売られ過ぎなのかを判断する手法です。一定期間において、「上昇した日の値幅合計」と、「下落した日の値幅合計」を合わせたものを分母に、「上昇した日の値幅合計」を分子にして算出します。

　一定期間の全体の値動きに対して、上昇した日の値幅の割合がどのくらいあったのかを知ることのできる指標です。

　一般的には、RSIが30％、25％、20％を割り込むと売られ過ぎのため、買いのサイン、逆に70％、75％、80％を超えると、買われ過ぎのため、売りのサインといわれます。

　RSIは、ここが反転地点だということを明確に教えてくれる指標ではありません。過去の経験則から、おおまかにRSIがここまでくると反転下降する、反転上昇を開始する可能性があるという目安に過ぎません。

　そのため、これまでも、RSIを反転サインとして使うには、自分なりの工夫が必要な指標でした。

　工夫の仕方としては、RSIの動きの特徴をつかんだうえで、より信頼性の高い値動きとRSIの動きの組み合わせを見つけることや、他の指標との組み合わせによって、反転場所を明確にすることなどがありました。

　しかしいまは、どんなに工夫をして、RSIのサインを有効にするための努力をしたところで、押し目買いを入れ、そして、逆指値を入れた時点で、その取引がAIや最先端の技術を駆使した高速取引に狙われるのだとすれば、何の役にも立たないことがわかります。

　たとえば、日足ペースのRSIが10％以下まで下げて、極端に売られ過ぎていることを示したから、その日の終値で買いを入れたところ、その後、数日で価格が反転し、上昇を開始したとします。

　しかし、実際には反転を開始するまでの数日間のあいだに、皆さんが許容できる最大限度以上の下げを経過してしまえば、RSIの数値など、10％であっても、0％であっても意味のないことだとわかります。

　テクニカル指標の計算式に使う値段を日足ではなく時間足にすれば、値幅は日足よりも小さくなるでしょうが、値位置を参考にして反転の目安を探るものなら同じことです。

　RSIに限らず、どんなテクニカル指標であっても、過去の値段をベースに計算された動きを経験則にあてはめているに過ぎません。

　一方、AIは、いまあるポジションを瞬時に計算しながら売買しているのですから、テクニカル指標など無意味だとわかります。

　AIと高速取引（＝いまある現実の最適解）に対して、エクセルの表計算で得られるデータに基づいた過去の経験則で戦ったら、どちらが勝つのかはすぐにわかるはずです。

　考えればわかるようなリスクは回避するにこしたことはありません。そして、それでもなお、勝てるのではないかと期待できる戦略を組むことでしか、生き残ることはできないのです。

「一気に動いて、あとは横ばい」が多くなった

SECTION
1-6

図表1-4は、日経平均株価の2000年以降の変動幅を計算したものです。年間の変動幅は、1年間の最高値から最安値までの値幅で、1営業日の変動幅は、「前日の終値から当日の高値までの値幅」と、「前日の終値から当日の安値までの値幅」の大きいほうの値幅の1年間の平均値（1営業日ごとの値幅の平均値）になっています。

図表1-4 ▶ 日経平均株価の2000年以降の変動幅

年	年間変動幅	1営業日変動幅	500円幅回数	年	年間変動幅	1営業日変動幅	500円幅回数
2000	7651	277.3	15	2011	2756	133.4	3
2001	5174	238.5	8	2012	2195	106.2	0
2002	3884	188.5	1	2013	5922	230.5	12
2003	3635	151.7	2	2014	4145	201.4	10
2004	1896	146.2	1	2015	4360	252.5	20
2005	5675	119.1	0	2016	4728	272.9	28
2006	3518	213.3	6	2017	5158	167.9	1
2007	3631	215.8	11	2018	5500	283.0	25
2008	8162	299.0	33	2019	4850	212.0	11
2009	3746	167.5	0	2020	11244	340.0	47
2010	2612	138.9	0	2021	3841	367.6	62

　500円幅の回数は、1営業日ごとの値幅の平均値が500円幅以上になっている日が1年間で何回あらわれていたのかを示しています。

　1年間の変動幅は、新型コロナウィルスショックのために2020年のような極端な値動きとなっている年や、リーマンショック後の政策の失敗により低迷した期間を除けば、だいたい3500円から5500円幅程度の動きになっていることがわかります。

　1営業日の変動幅は、だいたい150 〜 250円幅の範囲で推移していますが、2020年、2021年は、1営業日の変動幅が300円幅以上となって、大きくなっています。

　1営業日に500円幅以上の動きとなった日の回数は、2013年以降、明らかに多くなっています。

　2000年は、年間の変動幅が7651円と大きく動いていた年で、1営業日の変動幅が277円幅となっていて、500円幅以上の動きが15回です。

　2005年は、1年間の変動幅が5675円、1営業日の変動幅が119円で、500円幅以上の動きが0回です。

　2007年は、年間が3631円幅、1営業日が215円幅で、500円幅の動きが11回です。

　2013年は、年間の変動幅が5922円、1営業日が230円幅、500円幅の回数が12回となっています。

　2016年は、年間が4728円幅、1営業日が272円幅、500円幅の回数が28回となっています。

　1年間の動きと1営業日の動きの関係としては、

- 年間が下降している年の1営業日の平均変動幅が大きくなりやすい
- 年間が横ばいの年も下降の年に近い程度に1営業日の変動幅が大きい
- 年間が上昇している年は、1営業日の変動幅が小さい

という傾向があります。

　年間の方向による特徴の違いもありますが、それだけではなく、年間の変動幅が大きく変わらないのに、2013年以降、1営業日の変動幅に違いがあらわれていることがわかります。

　この1営業日の変動幅が大きくなっている要因の1つは、2013年以降、日経平均の値位値が高くなっているために同じ変動率でも変動幅が大きくなっているということがもちろんあります。また、アベノミクスでの政策の1つである日銀のETF買いにより、浮動株が減少して、日経平均株価への寄与度が高い銘柄が動きやすくなっていることが考えられます。さらにそれだけではなく、コンピュータを用いた自動売買が増えていく過程で、値動きが極端になっていることも要因になっていると考えられます。

　人の行動、とくに目先の行動は、気持ちに左右されます。だからこそ、価格が上昇、下降の流れをつくる場面では、「何度となく、上値、下値を試す」ような動きを経過して、下値の堅さ、上値の重さを確認しながら、価格が一定の流れをつくっていきます。

　しかし、コンピュータは違います。コンピュータによる

自動売買では、一定の条件下で、常に同じ行動を繰り返します。

　そのため、これまで以上に1営業日の振れ幅が大きくなり、一定の流れができる場面では、あまり反対方向の動きがあらわれず、そのときに行ける限界まで、「一気に到達する」という動きになる傾向が強くあらわれるようになってきたと考えられます。

　図表1-5は、少し古いデータになりますが、コンピュータをつないだ高速取引による高頻度で売買を繰り返す取引（HFT）の取引量の変化を示しています。

　2010年に10％程度だった割合が、2013年には、50％を超える程度まで膨れ上がっています。2010年以降、右肩

図表1-5 ≫ HFTの取引量の変化

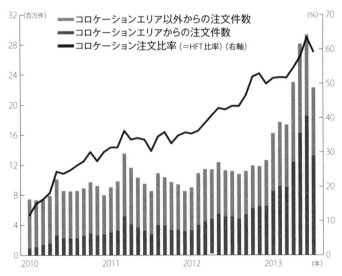

出所：「日銀レビュー」2013年12月号

上がりで、全体の取引に対するHFTの割合が増加していることがわかります。

　この変化により、1営業日の変動幅だけではなく、一定の流れができる動き方にもはっきりとした違いがあらわれてきています。

　価格は値位置が高いほど振れ幅が大きくなりやすく、値動きのパターンがわかりやすいので、以下では、価格が1万5000円へ到達した2013年以降と、2010年以前との比較で、値位置や動きが似ている場面で、どのような違いがあらわれているのかを見ていきます。

　図表1-6は2005年の上昇局面です。

　10月21日の安値1万2996円から12月14日の高値1万

図表1-6 ≫日経平均株価日足 (2005年10月下旬以降の上昇局面)

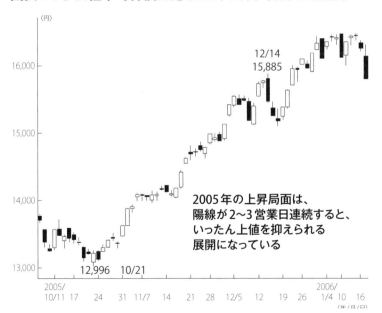

(円)

16,000

12/14
15,885

15,000

14,000

2005年の上昇局面は、
陽線が2～3営業日連続すると、
いったん上値を抑えられる
展開になっている

13,000

12,996　10/21

2005/
10/11　17　　24　　31　11/7　　14　　21　　28　12/5　　12　　19　　26　2006/
1/4　10　16

(年/月/日)

5885円まで、2か月程度で2889円幅の上昇を経過しています。

　この上げ場面を見ると、ほぼ一本調子に上昇の流れをつくっていますが、2〜3営業日連続して陽線が出て、高値を更新した後は、小幅でも価格が前日終値比マイナスへ下げる動きや、横ばいに推移する動きを経過していることがわかります。

　一方、**図表1-7**は2017年の上昇局面です。

　9月27日の安値2万213円から11月9日の高値2万3382円まで、1.5か月程度で3169円幅の上昇を経過しています。

　この上げ場面では、1営業日の上げ幅が極端に大きくなることもなく、上放れて小動きを繰り返しながら、前日終値比がほとんどマイナスになることなく、上昇を継続して

図表1-7 ▶日経平均株価日足（2017年9月以降の上昇局面）

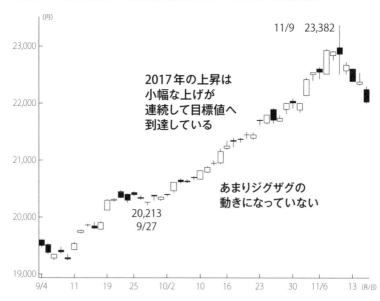

います。

このときは、連続して高値を更新している状況が特別な動きだと騒がれました。しかし、2017年は、長く続いた日銀のETFの買いにより、市場から浮動株が減少し続けていることが話題になっている状況であり、いったん上昇に弾みがつくと、買い人気を消化しきれずに上昇が長く続きやすい状況ができていました。少し考えれば、上げ出せば止まらないことはわかります。筆者も、自身のレポートで9月下旬の買いに注目していました。

そして、それに加えて前述した自動売買による動き方が影響していると考えられます。

次ジ以降の**図表1-8〜図表1-11**は、2015年から2018年までの値動きと似た値位置で、似た展開になっている2010年以前の年の動きを比較したものです。

図表1-8は2015年と1996年です。2015年は、長い上昇を経過した後、値幅の伴った調整局面を迎えた場面です。1996年も同様、戻り高値をつけて下降を開始する場面で、似た展開となっています。

上段の1996年は、振れ幅の大きなジグザグの動きを形成しながら、大きく高値を更新して、戻り高値をつけています。

一方、下段の2015年では、戻り高値付近まで一気に上昇した後、大きく高値を更新できないジグザグ、横ばいの動きを経過して、下降を開始する時期を待つ展開となっています。

図表 1-8 ＞ 1996年と2015年の日経平均の動き

1996年

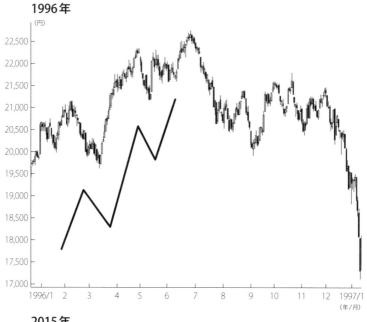

2015年

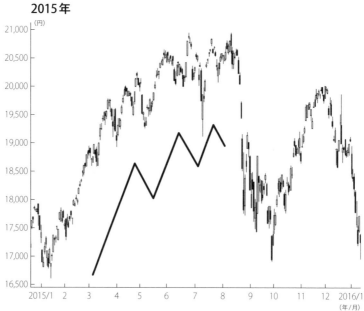

図表1-9 ≫ 2006年と2016年の日経平均の動き

2006年

2016年

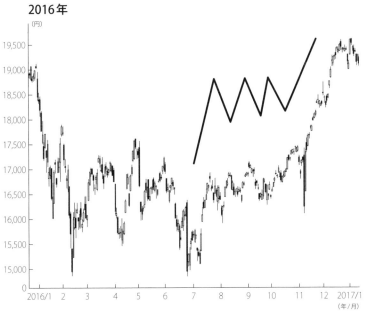

図表1-10 ▶ 2005年と2017年の日経平均の動き

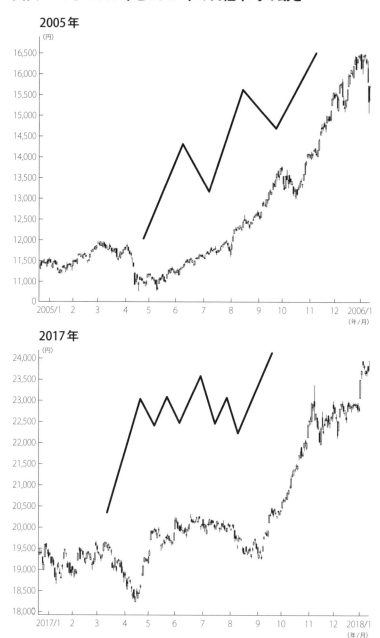

2005年

2017年

図表1-11 ▶ 2007年と2018年の日経平均の動き

2007年

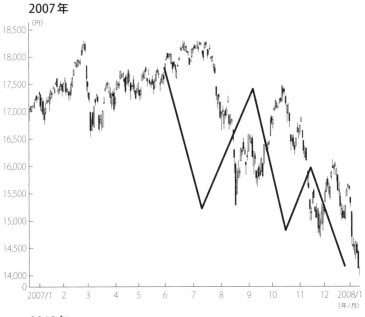

2018年

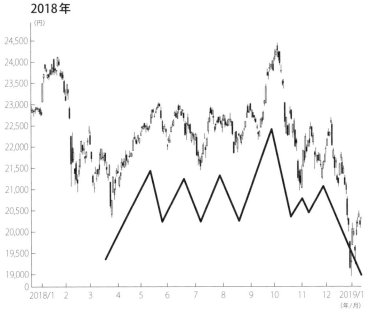

　図表1-9は2016年と2006年の比較です。2016年は、値幅の大きな調整を経過した後、押し目をつけて、年の後半に向けて上昇を開始している年です。2006年が似た展開となっています。

　上段の2006年は、6月に押し目をつけた後、ジグザグに上値を試しながら上昇して、年末に年の前半の高値まで上昇しています。

　一方、下段の2016年は、（イギリスのEU離脱を決める国民投票や米国の大統領選挙という特殊事情がありましたが）6月に押し目をつけた後、7月まで一気に上げて、その後、11月まで横ばいに推移して、11月以降、再度急激な上昇を経過して、年初の高値まで上昇しています。

　図表1-10は2017年と2005年の比較です。2017年は、4月頃から年末まで、はっきりとした上昇の流れをつくった年です。2005年が似た展開となっています。

　上段の2005年は、4月から年末まで、ジグザグに上値、下値を試しながら、徐々に高値を更新して、年末までの上げ場面をつくっています。

　一方、下段の2017年は、4月に押し目をつけた後、5月上旬までの期間で一気に上昇して、その後、9月まで横ばいから下げの流れをつくっています。そして、9月以降、11月頃まで再び一気に上げる動きを経過しています。

　図表1-11は2018年と2007年です。2018年は、長い上昇局面の転換点となっているように見える年です。年の前半に値幅の大きなもちあいを経過して、年末へ向けて急落しています。2007年が似た展開となっています。

　上段の2007年は、7月以降に価格が下げる過程で、ジグ

ザグに上値、下値を切り下げながら安値を更新しています。9月から10月にかけて、再度戻り高値を試す動きがあらわれましたが、高値を更新することができずに反転下降しています。

　一方、2018年は、10月に戻り高値をつけた後、10月中、一気に下げ幅を拡大して、11月が横ばいに推移して、12月に下げ幅を拡大する展開となっています。10月以前の上げ場面でも、一気に上昇、横ばい、一気に上昇という格好になっています。

　2010年以前では、価格の上昇、下降が「上値、下値を切り上げる上昇」「上値、下値を切り下げる下降」でつくられていますが、2010年以降、「急上昇→横ばい」「急下降→横ばい」という格好でつくられています。

　コンピュータによる自動売買は、一定の条件の下で同じ取引を繰り返します。

　そのため、上昇場面、下降場面、レンジ内で推移する場面では、それぞれ取引の条件を変更しているはずなので、このような極端な値動きの変化があらわれているように推測できます。

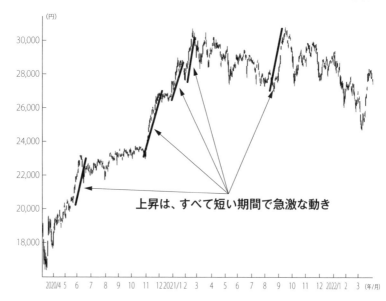

SECTION 1-7 ▶ 順張りの テクニカル指標は あてにならなくなった

　前項で、一定の流れができる場合、「一気に目標値へ到達して、長い期間のもちあい、または値幅の伴った調整へ入る」という動き方になっていると紹介しました。

　前項のチャートだとまだはっきりとしたイメージの持てない方は、以下のような違いを考えてください。以前、「ジグザグしながら、30営業日の日柄をかけて1000円幅を

図表1-12 ▶ 日経平均株価日足（2020年3月から2022年3月までの動き）

上昇は、すべて短い期間で急激な動き

上げていた動き」なら、現在は、「10営業日で1000円幅の上げを経過して、残り20営業日がもちあいの動きとなっている」という違いです。

最近の例でいえば、2020年3月以降の上昇局面は、上昇の動きが急激になる動きが顕著にあらわれています。

図表1-12は、2020年3月以降の日経平均株価日足です。

これを見ると、2020年3月から2021年9月までの上昇局面では、上げ場面が短い日柄で一気に上げ幅を拡大していることがわかります。

図表1-13 〜 1-15（49ページ）は、図表1-12におけるそれぞれの上昇場面での上げ方を細かくみたものです。

図表1-13は、2020年3月から6月までの上昇場面です。

上昇初期に3営業日で2000円幅以上の上げを経過して、

図表1-13 ▶ 日経平均株価日足（2020年3月以降の上昇場面）

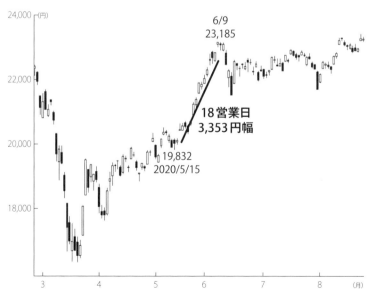

その後、4月から5月中旬頃まで徐々に上値を切り上げる格好でもみあいの動きとなっています。

5月15日〜6月9日まで、18営業日で3353円幅の上げを経過して、6月9日以降、再び一定のレンジ内でのもみあいの動きへ入っています。このもみあいは、次の上昇を開始する10月30日まで続きます。

図表1-14は、2020年10月30日から2021年2月16日までの上昇場面です。約3.5か月のあいだに7766円幅上昇した動きは、3回の急上昇によってつくられています。

1回目は、10月30日〜11月25日まで、17営業日で3758円幅の上昇の動きです。2回目は、12月22日〜1月14日まで、15営業日で2618円幅の上昇、3回目が1月29日〜2月16日まで、12営業日で3085円幅の上昇の動きです。

図表1-14 ▶ 日経平均株価日足（2020年11月以降の上昇場面）

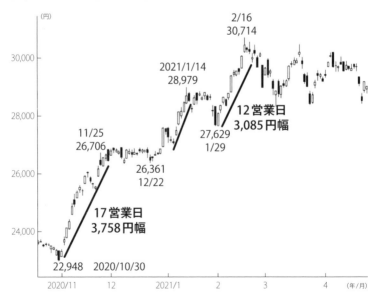

図表1-15 ▶ 日経平均株価日足（2021年8月以降の上昇場面）

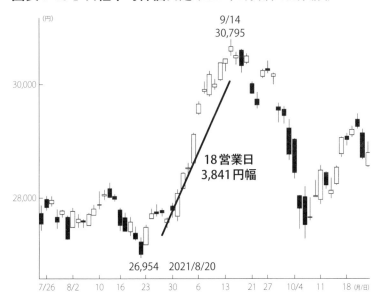

　図表1-15は、2021年8月下旬以降の上昇場面です。8月20日〜9月14日まで、18営業日で3841円幅の上げを経過しています。

　なお、図表1-12にある2020年12月22日以降の2回の急上昇は、12〜12営業日で、2500円幅程度の上げが、比較的値幅と日柄の短い調整を挟んであらわれています。この上昇は、全体が連続した動きとして見ることができるので、他の3回とは少し異なる上げ方だといえます。

　その他の3回は、上昇が勢いづいた後、だいたい18営業日で3500円幅前後の動きとなっています。

　こうした動きを、従来のトレンド追随型テクニカル指標

でとらえることができるでしょうか。

トレンド追随型指標は、一定期間の値動きから、一定方向の流れがあるか否かを判断するものです。短い期間のジグザグの動きを無視して、なるべく大きな振れにだけ反応して、売買サインが出るようにつくります。

1営業日の振れ幅が500円以上の日がよく見られ、前述したとおり、3000円もの振れ幅がたった15〜20営業日程度でつくられてしまう現状では、オシレーター系指標と同様、トレンド追随型指標も、すでに役に立たないものになってしまっていると考えたほうが無難です。

一定の流れができているか否かの現状を推測するための材料として使うことはできますが、さまざまな工夫をこらしても、売買ポイントを見つける道具として使うことはできません。

むしろ単純に、ローソク足チャートの示す一定方向のサイン、すなわち「上値、下値を切り上げる動き」「上値、下値を切り下げる動き」「下値が堅い動き」「上値が重い動き」などを見つけて、そのサインにしたがったほうが良い結果につながります。

テクニカル分析の
ベースにある考え方と
有効に機能するための条件

テクニカル分析で利益を得るためには「信じる」ことが不可欠

第1章では取引環境の変化によって、従来のテクニカル分析の考え方が通用しなくなってきている状況について触れましたが、本章では、「そもそもテクニカル分析で利益を得るとはどういうことか」について復習しておきます。

値動きを予測するための根っこになっている部分を理解したうえで、それが現状で有効に機能するかどうかを再考してもらいたいからです。

株式相場の値動きを予想するやり方には、ファンダメンタルズ分析とテクニカル分析があります。

ファンダメンタルズ分析で扱う情報は、株式市場全体なら、景気の動向を示す経済指標、その年の財政・金融政策、個別銘柄なら、個々の企業の財務状況、企業理念、経営計画など、価値判断の基礎になるものになります。

株価の変動の根っこにあるものは、個々の企業の場合、増益ならば株価が上昇する、市場全体の場合、市場全体へ入る資金の量が増えるなら、市場全体の株価が上がりやすくなり、指標となる指数が上昇するといったことです。ファンダメンタルズ分析は価格変化の核心部分の分析だといえます。

一方、テクニカル分析では、値動きだけを見て、その先の価格が上がるのか、下がるのかを判断します。テクニカル分析の場合、その根拠は「信じる」ということだけです。過去の値動きから類推される確率を信じるか、値動きに意味を見つけて、その見方を信じるかのどちらかです。

　テクニカル分析を追求するということは、「何かあなた(=テクニカル分析)を信じられる根拠を教えてください」と値動きに問い続ける作業です。

　『アカギ』という麻雀の漫画があります。アニメ化されているのですが、アニメの第2話で、「賭けているものがないとき、勝負を制するのはセンスと集中力」「賭けたものがある場合、それらの能力だけでは絶対に勝てない」「いくら相手の手の内が読めても、その読みを自分が信じられなければ無意味」という解説があります。

　まさに、これが駆け引きで勝利をつかむ本質です。「心の底から信じられるもの」がなければ、どこかでつまずき、再び投資へ向かう勇気を奮い立たせることができなくなります。

　よく知られているテクニカル指標に、移動平均線というものがあります。

　単純移動平均線は、終値の一定期間の平均値を結んだ線です。ある銘柄の終値が移動平均線よりも上にあれば、計算期間内で、買い側が利益を得ている人が多いと考えられるため、その後も価格が上昇する可能性があると推測します。

　この推測には、ほとんど根拠がないので、信じるための

理由を積み上げていきます。

　ある銘柄で、移動平均線を終値が上抜いた後、60％程度の確率で、5営業日以上その状態を維持して、価格が100円幅以上の上昇を経過したというシミュレーションの結果が出たとします。

　検証するために仕掛けてみたところ、○を勝ち、×を負けとして、順番に「×、×、○、○、○、×、×、○、○、○」となったとします。

　結果として、トータルではデータどおりの勝率で利益も出ていたとしても、たとえば4回目の負けで3勝4敗となった時点で、想定していた勝率と違う結果になり、かつ、4回の負けのなかで、一度でも大損になる取引があって、全体でも損になっていたら、取引を継続できるでしょうか。たいていの方は、不安になり、取引を中止するか、次の取引以降で、損失をカバーできた時点でやめてしまうのではないでしょうか。

　一方で、仕掛けの開始が2回遅れて、結果が「○、○、○、×、×、○、○、○、×、×」となって、途中の大損もなく上記と同じ利益が出たとします。こちらは途中で想定していた勝率を下回ることもなかったことから、自分の発見が利益になることを自らが証明し、強く信じられるようになるのではないでしょうか。

　検証を開始するスタート地点が少し後ろにずれただけで、自分のなかでの価値が大きく変わってしまいます。

　とはいえ、後者の投資家が今後もずっと利益を得られるのかといえば、そうではありません。

　過去データから得られる確率は、しょせん確率でしかあ

りません。長く取引を継続していれば、確率と異なる場面や、大幅な損失が積み重なる場面があらわれて、いずれ信頼が薄れていきます。

このように書けば、テクニカル分析を使って投資するということが、どれだけむずかしいことに挑戦しているのかがわかってもらえるのではないでしょうか。

第1章で紹介した現状を考慮すれば、もう、テクニカル指標を使って勝ち続けることなどできないのかもしれません。だからと言って、「テクニカル分析で勝ち続けることなどできない」と結論づけてしまおうというわけではありません。

人の世の中では、必ずわかる未来があります。

それは、人が何か目的をもって積極的に行動しているとき、その人がどう動くかということです。

ただし、目的を持って行動していても、いい加減な人、長続きしない人であれば、想定しているような未来に行きつかないでしょう。

確実に、未来を予測したいのならば、その人や企業がそうせざるを得ない状況を探すことができれば、そこには、必ずわかる未来があります。そして、そうであれば、強く信じて、投資を続けることができます。

このことが値動きを予測するためのポイントになるということを、次項で解説します。

1年間の値動きの予想は 時間の経過ごとに 精度が高まる

　予想というのは、①基準になるシナリオをつくり、②そこからのズレを確認し、③修正し、④予想の信頼性を高めていく作業になります。

　ゴルフでは、そのホールの形状や距離などを見て、グリーンから逆算した自分なりの攻略法を考えてからスタートしていると思います。第一打が想定よりも飛ばなかったら、第二打の予定を7番アイアンから5番アイアンに変更して、足りない距離を稼ぐのか、自分の使いやすいアイアンを優先的に選択するのかなどを決めて、最初の予定を修正しながら進んでいきます。

　スタート地点では何通りかあった攻略法が、一打ごと、ピンに近づくごとに絞られていき、イメージとのズレも少なくなっていきます。

　値動きを予想する作業も同じことです。最初に想定できるいくつかのシナリオを作成して、時間の経過に合わせて、未来が現実になっていく過程で、シナリオを修正していきます。その結果、最初は複数あったシナリオが、節目になる場所を経過するごとに絞られていきます。

　だから、値動きの予想は、時間が経過していく過程で、精度が上がっていきます。

こう書くと、「時間の流れは永遠と続くのだから、シナリオが絞られることなんてないのではないか」と思った方もいるのではないでしょうか。しかし、テクニカル分析における時間には必ず期限があります。

　その理由を書きます。

　ファンダメンタルズ分析は、価格を動かす芯の部分を基準にしていると前述しました。

　価格を動かす芯の部分ですから、その時点で注目を集めていなくても、いずれ注目されて、価格が評価のとおりに動き出すと考えられます。だから、ファンダメンタルズ分析での予想は、「どこまで、いつから上昇するかはわからないけれど、いずれ上昇を開始する可能性が高い」という、期間と目標のあいまいな読みになりますし、それで十分なのです。

　一方で、テクニカル分析には、価格を動かす芯になる根拠などありません。人々が価格を動かしている行為そのものを分析しているのですから、その時点で人々に注目されているか、常に人々から注目されている対象に対してしか、予想が成り立ちません。

　株式市場でいえば、市場全体の動きに影響を受けやすい銘柄（日経225やその構成銘柄が中心）や人気化している銘柄、あるいは特定の時期に必ず注目される理由のある銘柄が、「テクニカル分析の当てはまりのいい銘柄」になります。

　テクニカル分析では、そうした対象を利用して、「いかに売買差益を得るか」ということを予想します。そのため、予想の期間と目標となる場所（値位置）がはっきりと示されていなければ、役に立ちません。

　つまり、テクニカル分析で値動きを予想するということは、期間と値段を一定の範囲内に絞り込んで、そこまでの道筋を描く作業だといえます。

　目標となる場所があいまいでは、日柄を経過する過程で、シナリオを修正していく作業も、結果としていい加減で、意味のないものになってしまいます。

　そして先ほども書いたように、予想を組み立てるときの根拠は、必ずそうなる可能性がある事象である必要があります。筆者は、それを「人が何か目的をもって積極的に行動しているときに推測できる未来」だと考えています。

　このように定義すると、それまで、見えていなかったものが見えるようになります。

　つまり、市場には、多くの市場参加者が一定の方向へ誘導されるような仕掛け（策略）があるということです。

　信頼できる予想は、いつまで、どこまでの何通りかの目安があって、その道筋を修正し、絞っていく作業なのです。ですから、「市場を誘導する側がいて、一定期間、特定の場所（値位置）というおおまかな目安へ向かって、多くの市場参加者を導いている」という前提がなければ、テクニカル分析での予想は、意味のないものになってしまいます。

　これはいわゆる陰謀論の類ではありません。

　私見になりますが、テクニカル分析での予想に意味があると考えている人は、当然、市場全体を誘導する仕掛けがあることを前提としているはずなのです。

　そのことを考えもせずに「テクニカル指標が買いサインをつけた」などと言っている人たちは、本質を理解せず、

表面だけを語っているに過ぎません。

なお、ここで、「市場全体」と書いたのは、株の個別銘柄で値動きを誘導する仕掛けを実行すれば、金融商品取引法に違反する犯罪となるからです。時々ニュースにもなるように、それを密かにやっている投資家もいるのでしょうが、本書ではそういう犯罪を前提としているわけではありません。だから、誘導するための仕掛けとしては、景気対策のような、誰もが平等に知ることができ、かつ相場全体を動かすと思えるような材料を用いることを前提としています。

1990年にバブルが崩壊した後、アベノミクスが実行される2013年までの期間、日経平均株価は、戻せば売られる展開を継続し、徐々に下値を掘り下げてきました。

そのような動きのなかでも、1990年から2012年までのあいだに日経平均株価は、

・1992年8月〜1993年3月（7087円幅）
・1993年11月〜1994年6月（5902円幅）
・1995年7月〜1996年6月（8455円幅）
・1998年10月〜2000年4月（8046円幅）
・2003年4月〜2007年2月（1万697円幅）
・2008年10月〜2010年4月（4414円幅）

と6回の値幅と日柄のともなった上昇を経過しています。

それぞれの上昇場面では、すべて政府が大規模な経済対策を実行して、株価を上昇へと導いています。

このように、はっきりと多くの市場参加者が意識できる材料を使って、投機家は、株価を一定の時期まで、一定の値位置まで引き上げるように誘導していると考えられます。

　主導する側がいて、目標となる場所と期間があるから、価格は似た動きを繰り返して、テクニカル分析の当てはまりのいい展開になるのです。

投機の仕組みを理解していれば「分け前」をもらうことができる

　前項で「市場全体を誘導する仕掛けを投機家は利用している」と書きましたが、ここで、投資と投機の違いについて、筆者なりの解釈を説明しておきます。

　投資とは、人や企業、または資産価値の"成長"（より多くのお金を生み出すように育つこと）を期待して、お金を投じることです。投資は、見立てを間違えなければ、そこへ参加する誰もが利益を得ることができます。

　一方で、投機は、参加者同士でのお金のやり取りをして、勝ち上がる作業になります。

　投機では、必ず勝ち側と負け側が存在しています。

　株の個別銘柄が上昇する場合、株主のすべてが利益を得ることができますが、日経平均の指数先物の場合、日経平均が上昇すると、買い側が利益を得て、売り側が損することになります。私の解釈では、成長を期待した現物株の買いは投資であり、日経225先物の買いは投機になります。

　つまり、投機市場は、他人のお金を奪う市場であり、賭博場（相対取引で、同じ条件で争っている場所）のようなものです。

　資本主義社会では、利益を生み出さないものが淘汰されていきます。その仕組みのなかで投機市場とその参加者が

長く生き残っているということは、その場所で安定的に利益を生み出している一部の参加者が存在しているということだと考えられます。

　賭博場でありながら、誰かが安定的に利益を生み出しているなら、当然、裏には仕掛けがあると考えざるを得ません。

　たとえば、取引所に上場されている小豆は、国産だけでなく、外国産も受け渡しに使うことができます。

　小豆は、非自由化品目です。外国産の輸入は、一部の商社に数量ベースで割り当てられています。外国産は、中国産で、国産小豆よりもかなり低い値段で取引されています。

　2019年6月の東京小豆先限は、2万940円の高値をつけました。2000年以降、どんなに高くても、先限が1万3000円程度で上値を抑えられてきたのですから、この値段がどれだけ高いのかがわかるはずです。

　2018年の天候不順で、和菓子に使う国産小豆が大幅な不作になったため、2019年の小豆価格が高騰しました。このとき、国産の市中価格が30キロ1万9000円前後でしたが、国産に供給不足が発生して、小豆価格が上昇し、先物もそれに合わせて上昇したわけです。

　ただ、先物の受け渡しは、安い中国産でもいいのですから、価格が上昇しきるのを待って、輸入割当枠を持っている一部の商社が中国産を受け渡しに使えば、大儲けできるわけです。中国産は8000〜9000円程度でしたから、その過程で必然的に、先物価格の上昇は終息することになります。

東京小豆先限は、2019年6月の高値2万940円でピークをつけて、2020年8月には、1万2300円まで下落しています。

　1988年7月は、銀行の財務上の健全性を確保することを目的として、国際決済銀行の常設事務局であるバーゼル銀行監督委員会で、「銀行として備えておくべき損失額をあらかじめ見積もり、それを上回る自己資本を持つこと（BIS規制）」が決まりました。

　国内では、BIS規制が1993年から適用されることになりました。海外に進出している大手銀行は、それまでの放漫経営を見直す必要が出てきたわけです。当然、これまでの株価上昇のけん引役となってきた、土地売買に対する銀行の積極的な貸し出しに待ったがかかります。1988年には、地価上昇、株価の上昇が終息する日が見えてきたわけです。

　まさにそういうタイミングで、1988年9月に日経225先物取引、1989年6月に日経225オプション取引が、大阪証券取引所で始まります。

　1986年以降、日経平均株価は、バブルと呼ばれた大幅な上昇局面へ突入しましたが、1988年、1989年の先物、オプションの上場により、市場全体の下落に対して、利益を得る仕組みができあがりました。

　そして、1989年12月の高値をピークに、バブルが崩壊し、日経平均株価は、1990年1月の高値3万8950円から10月安値1万9781円まで、10か月で1万9169円幅の下げ場面となりました。

　1989年12月にピークをつけたバブル崩壊は、入念な準

投機の仕組みを理解していれば「分け前」をもらうことができる

備のもとであらわれた現象だと考えられます。

　このように「投機市場には仕掛けがある」と書くと、そんなところには参加したくないと思うかもしれませんが、実は、仕掛けがあるからこそ予測が可能なのです。

　先ほども書いたように、本来、未来を予測することなどできないのですが、唯一、わかることがあるとするなら、人が積極的に目的を持って行動しているときには、客観的にその目的が達成できるか否かを、高い精度で推測することができるということです。

　投機市場には仕掛けがあって、人々が積極的に目的を持って行動するからこそ、未来予知が可能であり、一般の参加者もそれを理解することで利益の分け前をもらうことができるのです。

　「コンフィデンスマンJP」という詐欺師のドラマがあります。

　第一話の冒頭は、偽の賭博場で、嘘のガサが入り、大金を投じたホストクラブの社長が、掛け金を残したまま、その場から逃げたため、賭け金をだまし取ることに成功するというストーリーです。

　皆さんは、投機市場の主役（仕掛ける側）ではありませんが、その仕組みを理解していれば、誰もが賭博場の偽の客を演じ、分け前をもらうことができるのです。

個別銘柄の値動きは日経平均（投機）で増幅される

　「はじめに」で、本書は日経平均株価指数を売買する日経225先物や日経225先物ミニ（225mini）、そのCFDを売買するときにいちばん役立つ一方、日経平均株価採用銘柄であれば、「両者の動きの差」を考えながら個別銘柄を売買するときにも有効だと書きました。

　本項では、指数に採用されている銘柄と、非採用銘柄の両者の動きの差について解説します。

　市場全体の指標となる株価指数の取引は、投機に利用されているのですから、当然、投機的な値動きがあらわれます。それに付随して、その指標をつくり出している個々の採用銘柄もまた、投機的な値動きになりやすいといえます。

　一方、個別銘柄にはその銘柄独自の材料もあるので、市場全体の動きに沿わない展開になることもあります。両者を複合した動きになっていることが、株価指数に採用されている銘柄の特徴だといえます。

　長期的な株価の上昇は、インフレと企業の成長によってあらわれる動きですから、株価の上昇に期待する場合、企業の成長性を示す売上高や利益に注目します。話をシンプルにするために、ここでは、単純に「売上高の推移が企業

の成長性を最も示している」という基準で、「日経平均の推移」と、「日経平均採用銘柄の株価の推移」と「その企業の売上高の推移」を見ていくことにします。

　たとえば、売上高が増加傾向を継続している場合、長期的に株価が値位置を引き上げる動きになると考えられますが、その途中で、日経平均を介在した投機の積極的な介入が入ることによって、上値が重い期間、大きく下げる期間があらわれます。

　逆にその企業の売上高が下降傾向となっていても、その年の日経平均株価が大きく上昇する場合、やはり日経平均を介在した投機が採用銘柄に対して幅広く買いを入れるため、日経平均の上昇期間だけ、株価が上昇を開始します。

図表2-1 ▶ 日経平均とテルモ月足

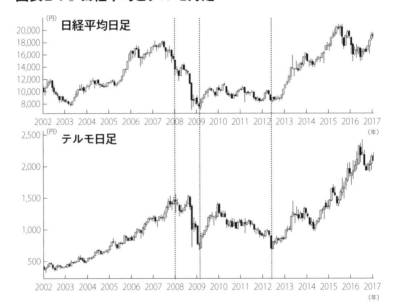

図表2-1は、上段が日経平均株価月足で、下段が同期間のテルモ月足、**図表2-2**は、チャートの期間中のテルモの売上高の推移を折れ線グラフで示しています。

　テルモは、チャート掲載期間となる2002年以降、売上高の増加傾向を継続しています。株価も、一本調子に上昇するわけではないとしても、負荷が与えられなければ、緩やかに右肩上がりの上昇を継続していたと考えられます。

　しかし、日経平均株価が2007年から2008年にかけて大幅に下落して、その後、2012年まで上値重く推移したことで、テルモの株価も上値を抑えられ、2009年の安値まで下げています。

　反転下降を開始したのは、日経平均に遅れて2008年の年初からになりました。

図表2-2 ≫ テルモの売上高の推移

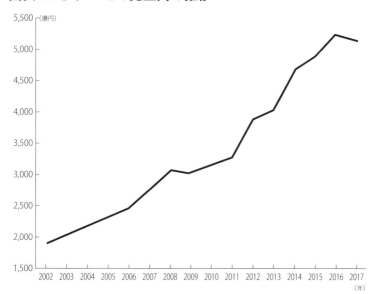

個別銘柄の値動きは日経平均（投機）で増幅される

押し目をつけた時期は、日経平均と似た地点となっています。

押し目をつけた後は、日経が上昇する過程で、一気に下げ分のほとんどを戻す展開となっています。

いわば日経平均によって上値を抑えられていた経緯から、2012年の中頃に早々と押し目をつけた後は、上昇の流れへ入り、日経平均が上昇を開始する過程で、上げ幅を大きく伸ばし、下降前の高値を大きく上回っています。

図表2-3は、上段が日経平均株価月足で、下段が同期間のオリンパス月足、**図表2-4**は、チャートの期間中のオリンパスの売上高の推移を折れ線グラフで示しています。

オリンパスの売上高は、2008年をピークにして減少傾

図表2-3 ▶ 日経平均とオリンパス月足

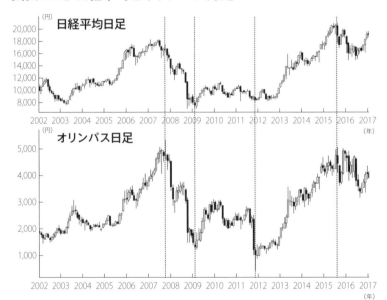

図表2-4 ▶オリンパスの売上高推移

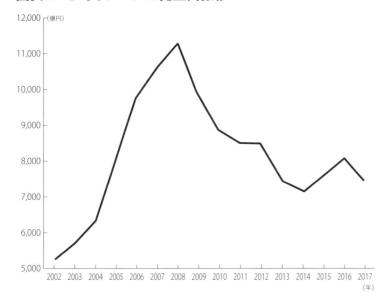

向となっています。

　オリンパスの株価は、日経平均の上昇と合わせて、2007年まで順調に上げてきました。

　日経平均が2006年4月に戻り高値1万7563円をつけた後、2007年2月の高値1万8300円まで堅調に推移していますが、この間の上げは、戻り高値を若干超えた程度にしかなっていません。

　しかし、オリンパスは、2006年から2007年にかけて、目立った調整もなく、それまで以上に強い上げの流れをつくっています。

　日経平均、オリンパスとも、2007年にピークをつけて大幅な下げ場面へ入っています。

　2009年に押し目をつけた後、日経平均に合わせて上昇していますが、下げた分の半値にも届かない程度で上値を抑えられて、その後、2011年末には、2009年の安値を下回る程度まで下げています。

　2012年以降、日経平均の上昇に合わせて上昇して、2015年に2007年の高値へ接近しています。しかし、業績を伴わない上昇のため、2007年の高値を超える余力が残されていませんでした。株価は2015年8月にピークをつけて、その後、2017年10月から11月にかけての日経平均株価の急騰場面でも、2015年8月の高値を超えられませんでした。

　図表2-5は、上段が日経平均株価月足で、下段が同期間

図表2-5 ▶ 日経平均と三菱自動車月足

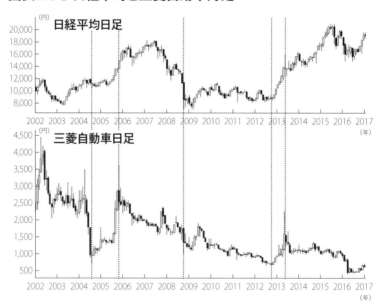

の三菱自動車月足、**図表2-6**は、チャートの期間中の三菱
自動車の売上高の推移を折れ線グラフで示しています。

　三菱自動車は、2000年の大規模リコール隠しが発覚し
て以降、売上高の減少傾向が続いています。

　株価も下降するだけの動きとなっていますが、日経平均
株価が上昇する場面だけ、いったん値を戻す展開となって
います。

　ただ、日経平均株価の初期の上昇に寄与しているだけで
終わっていることが多く、早々と戻り高値をつけた後は、
日経平均が上値重くなる場面で大きく下げて、結果、日経
平均の上げ下げの一連の動きが終わる頃、以前の下値を下
回る動きになっています。

図表2-6 》三菱自動車の売上高推移

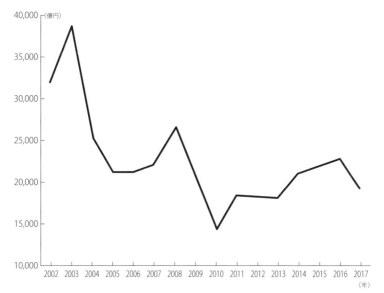

　三菱自動車の動きを見ると、積極的に以前の高値を更新できないと推測できる弱い銘柄は、日経平均株価が上昇を開始する早い段階で、まず一気に上げて、そして、これ以上へ行かない地点をつけてしまっていると考えられます。

　言い換えると、三菱自動車のような銘柄が、今後、2013年につけた高値を超えるような展開があるなら、これらの銘柄の状況が変わってきたのか、あるいは、日経平均が、次の上昇の段階へ入ったかのどちらかが考えられます。

　図表2-7は、2001年9月にジャスダックに上場し、現在は東京証券取引所のプライム市場に上場しているプロトコーポレーションの2003年から2011年までの月足、**図表2-8**は、1980年から2010年までの売上高の推移グラフです。

図表2-7 ＞ プロトコーポレーション月足

図表2-8 ≫プロトコーポレーションの売上高の推移

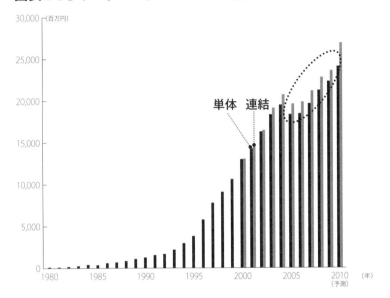

30,000 (百万円)

単体　連結

25,000

20,000

15,000

10,000

5,000

0

1980　1985　1990　1995　2000　2005　2010 (年)
　　　　　　　　　　　　　　　　　　　　　　　　(予測)

　グーネットという中古車検索サイトなど、新車、中古車、自動車整備等の仲介が主な業務になっています。

　売上高は2005年に一時的に下がったものの、2006年以降、増加傾向を継続します。2008年のリーマンショック時も、売上高に大きな影響を受けず、増加傾向を継続しました。

　月足チャートでは、2008年に1年間、上値重く推移しますが、2010年には、2008年の高値を超える動きとなっています。

　単純な売上高だけの比較に過ぎませんが、テルモは、同様に売上高の増加傾向を継続していましたが、2008年の高値を超えるには、2015年までかかっています。

2 - 4

個別銘柄の値動きは日経平均（投機）で増幅される

プロトコーポレーションは、日経平均株価の動きをつくり出すための作業に加わっていない分だけ、値動きが軽かったと見ることもできます。

　日経平均採用銘柄は、市場全体が上向きに推移する場面で、個別企業としても積極的に買える魅力がある場合、上昇に弾みがつきやすいといえます。

　一方で、市場全体が弱気に推移している場合、個別企業としての魅力があっても、伸び悩むことも考えられます。

長期の売買をメインにして
保険のための短期の売買を
組み合わせる方法

日経平均の1営業日の変動幅の大きさにどう対応するか?

　第1章では取引の環境が変わった結果、従来のテクニカル分析が通用しにくくなったことについて触れ、第2章ではそれでも一定の条件を満たす場合にはテクニカル分析によって勝つことができるということを書きました。

　では具体的にどのようなやり方が有効なのかについて触れていく前に、225先物の1日の変動幅の変化についてさらに詳しく見てみます。ここで知っていただきたいことを一言でいえば、最近の相場の動きは「年間の変動幅に匹敵するような動きを短期間でしてしまう」ということです。

　つまり、時間をかけて収益を積み上げたものが、一瞬でひっくり返されてしまうということです。そうした特性の変化に対応するために、「長期の予測をしたうえで、保険としての短期のトレードも組み合わせる」という本書の第6章で詳しく解説するノウハウが必要となるわけですが、まずは短期間での変動幅が非常に大きくなっているということについて解説します。

　なお、日経平均株価の1営業日の変動幅の計算は、「前日の終値から当日の高値、安値の値幅」で、前日の終値をスタート地点とし、夜間の動きを考慮しても、225先物の1取引日*の変動幅のほうが大きくなる場合があります。

＊先物の場合、「取引日」は「(前日) 夜間立会〜日中立会」、「営業日」は「日中立会〜夜間立会」となります。本書では先物のローソク足やデータとして「取引日」ベースのものを使用していますので、以下では先物にかかわる記述には「取引日」と表記しています。

　225先物が夜間の時間帯に大きく動いて、日中が夜間に動いた範囲内で、夜間よりも小幅な値動きで推移すると、日経平均株価の1日の変動幅が225先物よりも小さくなってしまうことに留意してください。夜間の時間帯に大きく上下へ振れて"往って来い"となった場合、225先物にはあった夜間の動きが、日中の日経平均株価の動きには反映されないからです。

　図表3-1は、左側が日経225先物の1取引日の変動幅を

図表3-1 ▶ 225先物期近の1取引日の変動幅と日経平均株価の年間の変動幅

225先物期近の1取引日の変動幅						日経平均株価の1年間の方向と変動幅			
年	取引日	平均変動幅	1000円幅回数	500円幅回数	400円幅回数	300円幅回数	年足陰陽	年間最高値	年間最安値	年間変動幅
2007	245	221	0	9	20	53	陰線	18300	14669	3631
2008	245	382	6	55	77	133	陰線	15156	6994	8162
2009	243	209	0	1	6	44	陽線	10767	7021	3746
2010	245	175	0	0	4	22	陰線	11408	8796	2612
2011	245	174	1	7	9	12	陰線	10891	8135	2756
2012	248	141	0	0	0	1	陽線	10433	8238	2195
2013	244	314	3	24	52	103	陽線	16320	10398	5922
2014	243	270	0	20	41	81	陽線	18030	13885	4145
2015	244	338	3	32	71	119	陽線	20952	16592	4360
2016	245	373	8	50	80	130	陽線	19592	14864	4728
2017	247	234	0	9	25	54	陽線	23382	18224	5158
2018	245	383	4	51	87	144	陰線	24448	18948	5500
2019	241	284	0	21	41	83	陽線	24091	19241	4850
2020	243	466	23	77	116	163	陽線	27602	16358	11244
2021	245	494	11	100	139	201	陽線	30795	26954	3841

日経平均の１営業日の変動幅の大きさにどう対応するか？

示しています。

　図表の右側は、日経平均株価がその年の全体で動いた値幅と方向を示しています。

　左側は、順番に1年間の取引日の日数、1取引日の高値から安値までの値幅の1年間の平均値、1取引日だけで、1000円幅、500円幅、400円幅、300円幅の動きのあった日数（年間）です。

　右側の陽線、陰線は、順番に大発会の始値から大納会の終値のほうが高い場合に「陽線」、低い場合に「陰線」とあらわしています。年間の変動幅は、その年の最高値から最安値を引いた値幅です。

　日経平均株価の年間の変動幅は、おおまかに見て、値位置が1万5000円以下の場合、だいたい2000〜3000円幅となっていて、1万5000円以上の場合、4000〜5000円幅の値動きとなっています。

　筆者が2015年2月に上梓した『株は1年に2回だけ売買する人がいちばん儲かる』という本で、「日経平均が上がりやすい時期、下がりやすい時期に年間の変動幅を取りに行く展開となっている」ので、「上がりやすい時期を前に押し目を買って、下がりやすい時期を前に戻りを売り、年間の変動幅を取りに行く」ことが有効だと書きました。

　年間の変動幅を取りに行く仕掛けは、年間の変動幅の大部分を利益にすることを目的として、（日経平均採用銘柄の）現物株なら3か月から6か月程度、日経225先物や信用取引なら、1〜3か月程度の取引期間、持株、建玉を維持することを想定したやり方です。

　図表3-1を見ればわかるとおり、日経平均株価の場合、

だいたい2000円から4000円の値幅の利益を得ることを目的とした取引になります。

2012年以前は、2008年を除けば、1営業日の平均変動幅が200円前後となっていて、2000円幅の値動きを経過するためには、値動きがジグザグになることも考慮すると、1か月程度か、それ以上の日柄が必要でした。

以前は、2000円幅の利益を想定して仕掛けると、早くても1か月の日柄が必要だったわけですから、1か月以上、持玉をじっくり維持する取引をしていれば十分だったわけです。

その後、日経平均株価の水準が上がるにつれて当然、1営業日の変動幅も大きくなっていますが、注目していただきたいのは直近の動きです。

2012年以前は、1営業日で400円幅の変動すらめずらしかったといえます。それが2013年以降は、400円幅の動きが頻繁にあらわれていて、1000円幅の動きも目立つようになっています。

2017年よりも年間の変動幅の小さな2021年は、先物の1営業日の変動幅が2017年の倍の動きへと変わってしまっています。10日もあれば、かんたんに2000円幅の上げ、下げを経過してしまう状況になってしまいました。せっかく目的とする利幅が乗ったにもかかわらず、もう少し上がるかもしれないと欲をかくと、2000円幅の利益が1週間でなくなってしまってもおかしくない状況です。そのような相場の動きを肌身で実感している人も多いでしょう。

2022年には、3月15日の安値2万5219円から3月25日の

高値2万8338円まで、7日連続して、前日の終値を当日の終値が上回る動きがありました。実に7日で3119円幅の上昇場面（1取引日の上げ幅の平均値が約446円）です。

　また、2022年5月19日の安値2万6150円から6月9日の高値2万8389円まで、15日で2239円幅の上げ幅となった後、6月10日から6月14日までの3取引日の期間で2万6357円（2032円幅）まで下げるということもありました。3取引日で、15取引日分の上昇のほとんどを失ってしまったわけです。

保険のための短期的な
仕掛けが不可欠になった

　前項で見たような現在の値動きの激しさでは、「何か月もの期間で持玉を維持して、目標としている値幅の大部分を利益にする」という取引を実現することがむずかしい状況だといえます。

　YouTubeの動画を見るときに、1.5倍速、2倍速で見る人が多くなったと聞きますが、相場の値動きも、振れ幅が極端に大きくなって、動き出す速度が急激になっています。

　現在の値動きのなかで安定して利益を得るには、投資環境の変化と、その影響によってあらわれている急な値動きに対応していく必要があります。

　では、いままでと何が異なるのでしょうか。

　たとえば利食いの場合、多少の利益が得られても、それを長く持ってしまうと、数日間で、利益のほとんどを失ってしまうという状況があります。

　仕掛ける場面では、支持・抵抗などの、仕掛ける際の目安にする場所があてにならないため、何度でも損切りにつかまり、小幅な損が拡大していきます。

　ようやく仕掛けたとおりの展開となって、値幅の伴った動きへ入ったと見ていると、安心したその日に、利益のほ

とんどが吸収されて、損切りに引っかかってしまうのです。

　仕掛けの場面においては、一度損切りとなっても、すぐに同じ方向に仕掛ける取引を実行する場合がありますが、そのように何度か損切りとなっても同じ取引を繰り返す必要があるのは、大きな利益を得るためです。だから、仕掛けた後はある程度我慢することが必要であり、手じまいの判断は、遅くなりがちです。

　その判断の迷いの隙間をついて、日経225先物ミニでいえば、ほんの30分くらいで500円幅（500×100＝5万円、証拠金15万円くらい）の利益が吹き飛んでしまうことがあるわけです。

　2000円幅の利益を得ることを目的として投資している状況で、1000円幅の利益が出ていたとします。利益確定したいところです。

　しかし、先ほども書いたとおり、仕掛ける過程で数度の損切りを繰り返してきたため、より多くの利益に結び付けたいという考えがあります。

　より多くの利益を追求しようと考えているときは、価格が反転してしまって利益を減らすことよりも、手じまいした瞬間に一気に価格が仕掛けていた方向へ動き出して、その分の振れ幅を利益に結び付けられないのではないかという気持ちのほうが強くなりがちです。

　なんの戦略もなく、ただ、目標値まで持っているという判断で臨んだ場合、揺れ動く心と、それこそ分刻みで対峙し続けることになります。

　そんななか、一瞬で500円幅の反転場面があらわれて、利益が500円幅に減ってしまったらどうでしょう。

以前なら、値幅の伴った反転場面があっても、想定している方向が合っているなら、価格は、仕掛けた場所に届かずに、すぐにそれまでの流れに沿った動きへ戻っていくだろうと考えられました。

　しかし、1000円幅程度なら、1〜2取引日ですぐに動いてしまう現状では、たとえ自分が想定していた流れになっていても、一時的な反転で、以前の安値、高値を簡単に抜けてしまい、利益になっていたはずが、損切りの決断をしなければいけない事態に変わってしまいます。

　したがって、現在は、2000円幅の利益を想定していても、「一定幅の利益が得られたら、まずはそれを利益として出していく方法」が必要になっています。

　そしてその方法は、戦略と戦術を工夫すれば実現できるのです。

　なんども触れていますが、投機的な市場へお金を投じる際の考え方は、いまも昔も変わりません。投機で利益を得ることができると考えられる普遍的な理由は、「人の事情（個人ではなく、社会全体のルールや環境、その時の情勢）によって価格が動いている」ということがベースにあります。

　お金を儲けたいという人の欲が（何らかの仕掛けをつくり）価格を動かしているという状況が未来への予測を可能にしているのですから、その予測を基準にして、利益を得る戦略をつくるだけです。

　そのための方法とはどういうものでしょうか。筆者の提案は、

①まず、その年の全体の方向を推測して、下げやすい時期、上げやすい時期の前に仕掛ける。その仕掛けは、年間の変動幅の大部分を取ることを目的とした仕掛けになる。

②仕掛けたあと、想定したとおり、下降の流れ、上昇の流れがあらわれたら、その取引を維持しながら、短期の仕掛けを考えていく。ここでいう短期の仕掛けとは、長期の仕掛けの反対売買の仕掛けであり、一時的で急激に反転する場面で、保険をかけたり、短期的な利益を出したりするために使う。

というものです。

スイング・トレードとは
まったく異なる考え方

　前項で、「2000円幅を想定した取引で、1000円幅の利益
が出ている状況で反転した場合、現在の相場は、1〜2営
業日もあれば、1000円幅の利益のすべてを失う不安があ
る」と書きました。

　事前に反対売買を仕掛けておけば、短期的に価格が反転
したとしても、1000円幅の利益を維持できます。

　次ジ**図表3-2**を見ながらやり方のイメージを説明します。

　たとえば、年間が弱気の展開になると推測していたとし
ます。

　上げやすい時期から下げやすい時期へ向かう過程でトッ
プを形成する動きになる場合、最初の戻り高値が天井にな
ることも十分に考えられます。

　したがって、最初に戻り高値をつけた場面で、上昇の流
れが変わる可能性を考えて、長期の仕掛けを入れます。

　その後、想定のとおりに価格が下げても、たいていは再
度上値を試す動きになります。都合よく、そのトップより
も低い戻り高値を確認して下降の流れへ入る展開にはなら
ない場合がほとんどです。

　右肩上がりのダブル・トップ、ヘッド・アンド・ショル

図表3-2 ▷ 戻り高値付近で長期の売りを仕掛ける場面での 判断の仕方

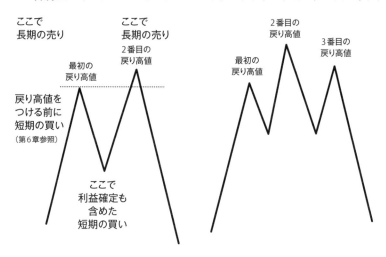

右肩上がりのダブル・トップ　　ヘッド・アンド・ショルダーズ・トップ

ここで
長期の売り

ここで
長期の売り
2番目の
戻り高値

最初の
戻り高値

戻り高値を
つける前に
短期の買い
（第6章参照）

ここで
利益確定も
含めた
短期の買い

2番目の
戻り高値

3番目の
戻り高値

最初の
戻り高値

ダーズ・トップを形成して、下降を開始する展開になることも十分に考えられます。これらの天井型を形成する場合、最初の戻り高値を超えてから、再度下降を開始することになります。

　長期の仕掛けを入れた場面で、すでに何度かの損切りを繰り返しているので、最初の戻り天井がだましになるような場合でも、利益を出しておきたい場面です。

　本書での提案は、日経225先物の場合、売値から、500円、1000円幅の下げを経過して利益が出ているなら、ダブル・トップ、ヘッド・アンド・ショルダーズ・トップを形成する過程であらわれる押し目になる場所で、短期の買

いを仕掛けておくというやり方です。

　天井型のネック・ラインと推測できる押し目と判断した地点の付近で買いを入れて、その安値を損切りのポイントに設定します。

　価格が想定以上に上昇して、長期の仕掛けの売値を超える展開になるなら、短期の仕掛けとの両建てを維持して、天井型を形成中か、上昇継続かの判断が明確になるまで待ちます。

　上昇継続を判断するなら両方を一緒に手じまいします。天井型を形成中と見るなら、以前の戻り高値を超えた後、すぐにつける戻り高値を目安として、短期の買いの手じまいと、長期の売りの損切りのポイントを設定、または長期の売り増しを考えます。

　このやり方は、スイング・トレードのように感じるかもしれませんが、考え方が異なります。

　スイング・トレードとは相場の上昇、下降の波に沿って、売りと買いを繰り返すやり方です。

　筆者は、そのように短い期間で売り、買いを繰り返すやり方を推奨しているわけでは決してありません。なぜなら、スイング・トレードの場合、仕掛ける根拠は短期の値動きのパターンだけになってしまうからです。そのような根拠にすがる投資は、自分の心が揺らいだ瞬間に、何も見えなくなってしまいます。

　本書で提案している短期の仕掛けは、スイング・トレードのように細かく利益を出すために、売り、買いを行なう

スイング・トレードとはまったく異なる考え方

ことを考えているわけではありません。

「利益はその年の値動きの方向に沿った仕掛けで得られる」という考え方を前提として、「その利益をいかに確保するか」、あるいは「長期の仕掛けを行なう際のリスクをいかに減らすか」のための戦術として、保険としての短期の仕掛けを組み合わせているに過ぎません。

投機は、経済活動による資金循環によってつくられる毎年繰り返される株価の上昇、下降の動きを利用して、大きな利益をつくり出しています。自由で開かれた適正な市場があって、投機が存在している以上、必ずあらわれる普遍的な値動きがあると考えられるからこそ、相場の未来は予測可能なのです。何度も同じことを書きますが、未来が予測できるという事実だけが、われわれ少額投資家が、投機的な市場で利益を得られる根拠なのです。このことを強く信じるからこそ、今後どうなる、明日どうなるという見方がなりたちます。その考え方があるからこそ、ブレない判断ができるのです。

短期の値動きを読んで仕掛けるというやり方とは、根っこの部分が違うのです。

ただ、現在の値動きに対応するためには、長期の仕掛けを手じまいせず、短期で仕掛ける保険のための売買によって長期の仕掛けの利益を確保しながら、展開次第で短期の利益も出していくというやり方が必要です。

求められることの1つは、これまで書いてきたとおり、一定幅の利益が得られたら、それを確保することです。

そのほかに、上値、下値の目安になる場所があてになら

なくなったことで、何度も仕掛け直し、その都度、損失が
出て、小さな損が積み上がり、損失額が大きくなってしま
うことに対応するため、損失をなるべく出さないために短
期の売買を組み合わせるやり方（第6章で解説する、長期の仕掛け
に際して短期の仕掛けを入れる方法）も重要になっています。

　損失を出さないと書くと、むずかしそうに感じるかもし
れませんが、実は、投資においては、利益を出すことがむ
ずかしいのであって、損を出さないことは、（慣れてくれば）
それほどむずかしい作業ではありません。
　たとえば、1000円の価格が2000円になることを想定し
て、利益を出すために2000円近くなったら利食いを入れ
る取引を考えたとします。
　予想のとおり、1000円から2000円になったとしても、
その過程はさまざまです。
　1000円で仕掛けた後、1000円を割れずに2000円に接近
する展開になるなら、1000円幅近い値幅を比較的簡単に
利益にできます。
　しかし、1100円まで上がった後、1000円以下へ下げる、
1500円まで上がった後、1000円以下へ下げるなど、仕掛
けてから2000円に接近するまでのあいだ、たいていの場合、
何度でも1000円を割れる動きがあらわれます。
　特定の値位置でストップ・ロスを入れていれば、それは
だいたい引っかかってしまい、その後の価格が上昇すると
しても、その取引での損が確定します。

　一方で、ストップ・ロスを入れず、自分の判断で手じま

いを考える場合、次のような状況が考えられます。

　最初の仕掛けは、事前の十分な準備による予想があり、当然、目標値へ到達するシナリオや、そうならない状況を十分に準備しています。なので、利益に向かっているあいだは、安心感があり、意志を貫くことができます。

　予想のとおりの展開にならず、完全に予測がはずれたと判断するに至る場所は、仕掛けた場所から離れています。だから、予想がはずれたと判断できる場所へ到達するまでのあいだは、損失の増減を繰り返し、じわじわと、何度でも心を揺さぶられ続けます。その結果、多少の損を許容して手じまいしようと判断してしまうことがほとんどです。

　前日、200円幅の損が出ていたが、当日、50円幅の損まで戻したら、もう我慢ができません。損の幅が縮小したという理由だけで、仕掛ける前のすべてのプランを忘れて、選択肢が手じまいしかなくなります。

　自分の予測を信じるからこそ、近い場所にストップ・ロスを入れずに、多少の損失幅を許容すると覚悟するのですが、その覚悟は、時間の経過とともに薄れ、心が弱っているとき、眠いとき、疲れているときなどにはとくに、迷いと判断ミスが出て、一瞬の気持ちの変化で、手じまいすべきではない場所で手じまいしてしまい、その後、結果として、当初の予測のとおりの展開となっても、持玉を維持できていない状況になってしまいます。

　しかし、自分の予測や、値位置に対する期待感を捨てて、「損を出さない」ということを最重要課題とすれば、余計な判断ミスを出さず、ほとんど損を出さない取引を実行で

きる可能性があります。

　もっとも簡単な方法は、買いを入れた後、買値よりも価格が上昇したら、買値を損切りのポイントに設定すればいいだけです。損切りの目安に引っかかって、すぐに上昇を開始することもありますが、支持、抵抗があてならない状況なのですから、支持として目安にしている場所に損切りを設定しても、同じことが起こります。

　後で解説していきますが、下げると見るなら、その下げがいつからあらわれるのかまで絞り込み、そうならなければ、すぐに手じまいするというやり方を繰り返せば、リスクを最小限に抑えた、迷いのない投資を実行することができます。

　このような戦略と戦術を実行するには、まず、「1年間の方向を判断するための、自分が自信を持てる基準」が必要です。

　次に、短期的な仕掛けを効率よく行なうための「日々の値動きの特徴を知ること、価格が反転する場面、価格が一定の流れをつくる場面での数日間の値動きのパターンを把握すること」も欠かせません。

　次の第4章では1年間の値動きの判断の基準を、続く第5章で日々の価格の動き方について解説します。

スイング・トレードとはまったく異なる考え方

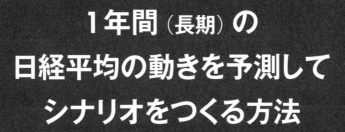

CHAPTER
4

1年間（長期）の
日経平均の動きを予測して
シナリオをつくる方法

日経平均に影響を与える NYダウは「10月から12 月は強い」

　日経平均はNYダウの動きに大きな影響を受けますので、日経平均の1年間の方向性を判断するためには、NYダウの動きの研究が欠かせません。

　図表4-1と**4-2**は、NYダウの1年間の動き方の目安となる強弱の2つの基本パターンです。

　NYダウは、長く右肩上がりの値動きを継続しています

図表4-1 ≫ NYダウの年間が強気の年の典型的なパターン

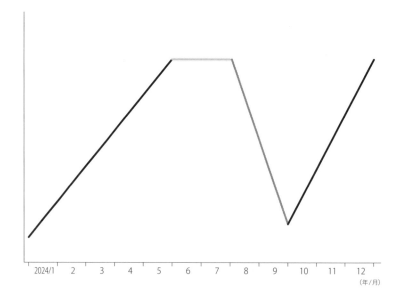

2024/1　2　3　4　5　6　7　8　9　10　11　12

(年/月)

図表4-2 ≫ NYダウの年間が弱気の年の典型的なパターン

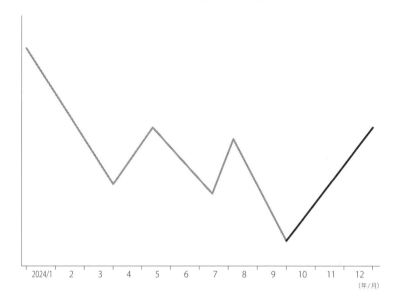

2024/1　2　3　4　5　6　7　8　9　10　11　12
(年/月)

が、それでも、期間を1年間ずつ区切ると、1年間のなか
で、上げ、下げを繰り返しています。2つのパターンを見
ると、1月から9月までの動きは異なるものの、「9月に安
値をつける」「10月から12月までは上昇する」というとこ
ろは共通しています。

　これをデータで検証してみましょう。

　次ジ**図表4-3**は、NYダウの10月から12月までの値動き
を示しています。図表の真ん中が12月の月の終値から10
月の月の始値を引いた値幅で、プラスは、10月の始値よ
りも12月の終値のほうが高かったことを示しています。
1990年から2021年の32年間では、10月の始値よりも12月
の終値のほうが低かった年が6回しかありません。

日経平均に影響を与えるNYダウは「10月から12月は強い」

図表4-3 ▶ NYダウの10月から12月までの値動き

年	10月の始値と 12月の終値との差	10月の安値と 12月の終値との差
1990	181.43	279.45
1991	150.05	229.43
1992	21.88	205.32
1993	196.73	200.37
1994	-16.15	86.47
1995	330.57	457.38
1996	569.46	586.60
1997	-83.92	936.93
1998	1340.10	1713.94
1999	1161.43	1521.10
2000	127.79	1132.21
2001	1175.53	1289.36
2002	748.58	1144.14
2003	1177.12	1177.12
2004	700.96	1074.61
2005	148.00	561.04
2006	784.16	810.09
2007	-630.88	-142.67
2008	-2071.01	893.87
2009	716.44	997.96
2010	787.79	866.38
2011	1305.46	1813.07
2012	-333.52	64.27
2013	1444.17	1857.23
2014	782.61	1967.95
2015	1146.41	1411.37
2016	1483.00	1802.65
2017	2295.75	2303.22
2018	-3270.90	-794.77
2019	1575.90	2794.98
2020	2665.85	4462.71
2021	2407.60	2552.76

また、図表の右側は、10月の月中の最安値と12月の月の終値との比較ですが、「10月の安値よりも12月の終値のほうが低かった」のは、2007年と2018年しかありません。

　その2007年と2018年のNYダウの日足が**図表4-4**と次ページ**4-5**です。

　これを見ると、2007年、2018年は、10月に年間の最高値をつけて、その後、下降を開始していることがわかります。

　NYダウは、「新年度へと移行する9月から10月にかけて、その時点での下値の限界を試す動きを経過して、年末、翌年の前半へ向けて上昇する」という傾向があります。

　2007年、2018年は、下げやすい時期（9～10月）に価格が上昇して、10月に年間の最高値をつけて、下降する展開

図表4-4 ≫ 2007年のNYダウ日足

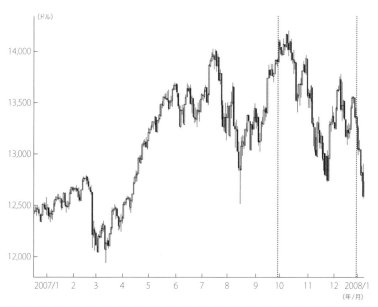

図表4-5 ▶ 2018年のNYダウ日足

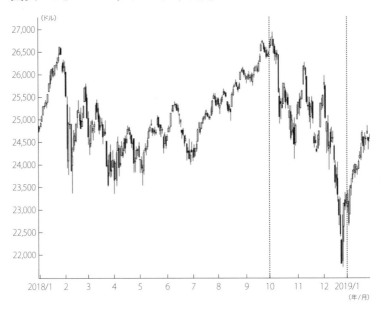

になっています。このような特別な状況でない限り、10月の安値付近が押し目底になって、その後、年末へ向けて、価格が上昇しています。

　また、図表4-3で、「10月の始値よりも大納会の値位置が低かった」のは、1994年、1997年、2007年、2008年、2012年、2018年の6回ですが、それぞれの年について見ていくと、10月以降に下値を掘り下げる理由があります。

　1994年は、同年2月から1995年2月にかけて、政策金利が3.0％から6.0％まで引き上げられました。この影響がメキシコ通貨危機となってあらわれます。

メキシコは、1986年にGATTへ参加、1992年にNAFTA
へ加盟したことで、投資ブームとなっていたものの、1994
年の米国の利上げにより、周辺諸国からドルへ資金が戻っ
ていく流れのなかで、過大評価されていたペソからの逃避
が始まります。米国の利上げがペソ売りに弾みをつけて、
その後、1994年12月にメキシコがペソの対ドルレートを
15.27%切り下げたのをきっかけに、通貨危機へと発展し
ました。それにともない、関係性の強かった米国のドルが
売られて、株価が上値を抑えられる動きになっています。

　1997年は、10月23日〜28日までの期間で、年の前半の
上昇分の3分の2の値幅を下げる展開となって、月初の値
位置から大きく下げたため、年末の値位置が10月の月初
よりも低くなっています。
　ただ、10月28日の安値が押し目底となって、その後の
価格が上昇へ転換しているので、10月末と年末の比較なら、
年末の値位置のほうが高くなっています。

　2007年は、サブプライムローンの焦げ付きが顕在化し、
それまで積極的だった投資資金が、徐々にリスク回避へと
向かいます。NYダウは、同年10月の高値がピークとなり、
下降を開始して、2008年9月から10月にかけて株価が急
落し、その後も上値重く推移します。

　2012年は、年末にブッシュ減税（ブッシュ米国大統領が2001年、
2003年の2度にわたって導入した超大型減税策）が期限切れを迎える
状況でした。

11月の大統領選挙で、富裕層向けの減税打ち切りを主張していたオバマ大統領が優勢だったことで、11月の大統領選挙を前に様子見ムードも広がり、株価が10月から（選挙後の）11月中旬まで下降しました。

　2018年は、FRBが利上げの速度を速め、量的引き締めを積極的に実行したことで、年初より株価が上値重く推移してきました。10月以降はFRBの金融引き締め政策が市場参加者にそれまで以上に注目される状況となったことで、株価が10月から12月まで急落しています。

　以上のように、NYダウが10月から12月までの期間で価格を下げている場合、誰もがわかるはっきりとした下げ理由があらわれています。
　そのような状況にない場合、NYダウは、「10月頃まで株価が下値を試す動きを経過して、10月から年末へ向けて上昇する」という動きを繰り返しています。
　その理由として、10月までは、新年度の政策とそのときの経済情勢から推測できる買いやすい値位置を模索する時期になっているからだと考えられます。10月までに想定できる下値の限界を確認することで、10月以降、翌年へ向けて、その時点での上値の限界を探る動きへ入っていると考えられます。

　2022年も、NYダウは1月5日の高値が年間の最高値となって下げ続けていましたが、10月13日に押し目をつけた後、年末まで強気に推移しています。

NYダウの1年間の
値動きを予測する方法

　前項では「NYダウの10月から12月は強いのが基本」と
しました。以下では、10月までの流れについて解説します。

　1年間が強気パターンの年 (94㌻図表4-1のケース) は、前年
年末までの下値堅い動き、または上昇の流れを経て、翌年
の3月から7月頃までの期間が、その年度の上値の限界を
確認する作業となることが多くなります。

　その後、次年度の政策へと市場参加者の注目材料が変化
し、株価が上値の重さを確認する作業へ入ります。1年間
が強気に推移する場合でも、5月から7月頃までに上値の
重さを確認して、7月から10月の期間で、下値を試す流れ
になります。

　前項の図表4-1で示したとおり、年初の値位置より年末
の値位置が高くなる年 (強気パターンの年) は、たいていの場
合、年初から上げ方向の動きとなって、その流れを5月頃
まで継続しています。図表4-3では、10月から年末までの
価格が上昇すると紹介しましたが、年間が強気に推移する
場合、翌年になっても、上げの流れを継続するわけです。

　この展開は、1950年までさかのぼっても、だいたい同

じパターンが繰り返されています。

1年間が弱気パターンの年 (95ジ図表4-2のケース) には、年初から下げの流れをつくる、または3〜5月頃までにその年度の上値の限界を確認して、6月、7月頃までの期間で、その年度の下値の限界を確認する作業を経過します。

6月以降10月までは、そのときの経済状況と、翌年度の政策を見極める作業として、上下を繰り返す展開へ入ります。

一方、年初に上値を抑えられても、年間が強気の展開になる場合、3〜5月の期間で年間の最安値を確認して、その後、年末へ向けた上昇の流れへ入っています。

年の初めの上げやすい時期に上値重く推移し、弱さを示している状況に変化があらわれて、上昇を開始するのですから、そのような年は、積極的に投資へ向かう流れになる投資環境の変化があって、価格が上昇を開始しています。3月に年間の最安値をつけて上昇を開始した、2009年、2020年などが、その典型的なパターンの年だったといえます。

図表4-6は、ここまでに解説した値動きの判断の仕方をまとめたものです。

まず、前年には、翌年のGDP成長率の推計が発表されているので、前年との比較で成長率が下がっている場合、年間が弱気、横ばいになる可能性を考えておきます。

そして、5月、6月頃までは、その年度の状況が市場参

図表4-6 ≫ NYダウの1年間の方向の読み方

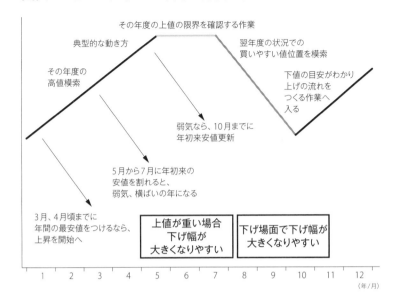

その年度の上値の限界を確認する作業

典型的な動き方

翌年度の状況での
買いやすい値位置を模索

その年度の
高値模索

下値の目安がわかり
上げの流れを
つくる作業へ
入る

弱気なら、10月までに
年初来安値更新

5月から7月に年初来の
安値を割れると、
弱気、横ばいの年になる

3月、4月頃までに
年間の最安値をつけるなら、
上昇を開始へ

上値が重い場合
下げ幅が
大きくなりやすい

下げ場面で下げ幅が
大きくなりやすい

1 2 3 4 5 6 7 8 9 10 11 12
(年/月)

加者の判断の基準になりますが、6月頃から、翌年度（10月
以降）の政策に対する期待値が加わっていきます。

　翌年度への期待値が強い場合、3月以降、価格が上値重
く推移していても、積極的に下値を掘り下げる展開になり
にくい動き方になります。

NYダウの1年間の値動きを予測する方法

「投機的な資金の流れ」が NYダウの1年間の 方向性を左右する

　1年間の株価の振れをつくっている中心は、投機的な資金の流れです。短期的な価格の上下の振れで利益を得ることを目的としている投機的な資金は、比較的安全に、より利益を得られやすい市場へと向かい、世界中に散らばっています。

　国債と株式などのリスク商品は、お互いに補完し合う表裏一体の関係とみることができます。

　政府が発行している国債は、元本が保証されているのですから、安全性が高く、投資先として、優先順位の高い商品になります。

　国債は、償還日に額面の金額が受け取れるので、買われて国債の価格が上がると、額面との差額が小さくなって、利回りが低くなります。

　景気がよくなり、さまざまな投資先への期待値が高くなると、投機資金が国債より利幅の大きな商品へと分散されていきます。その際、債券が売られてリスク商品へと移っていくので、債券の価格が下げて、利回りは上昇します。

　国債の利回りが一定程度高くなると、分散されていた投機資金は、再び債券に戻っていきます。

　このような資金の移動は、リスクオン（国債が売られる）、

リスクオフ（国債が買われる）という言い方をされていますが、当然、リスクオンになると、株価や商品先物市場の各銘柄は上昇しやすくなります。

　1年間の株価指数の上昇、下降の動きは、その年の政策にも強く影響を受けます。

　たとえば次項で解説するように、積極財政政策で金融緩和していれば、リスクオンの状態になっている状況が長く続き、株価が上がりやすい時期に、積極的な買いが入り、上げ幅を拡大していきます。

　株価が下がりやすい時期であっても、その次の上げやすい時期にさらなる上昇を期待し、市場から資金が逃げずに残ることで、株価は、下値堅く推移します。

　そして、上げやすい時期に新たな事象を材料として、あるいは想定していた内容のとおりになったことを材料として、積極的な資金が入り、株価を押し上げていきます。

「投機的な資金の流れ」がNYダウの1年間の方向性を左右する

NYダウの予測は
日経平均よりも
わかりやすい

　市場全体の方向を示す指標（日経平均やNYダウ）が上昇するためには、市場の複数の銘柄に積極的な買いが入る必要があります。多くの投資家が積極的に同じ市場へ参加しているとき、指標は、はっきりとした上げの流れをつくります。

　指標が1年を通じて上昇するには、誰もが「上がる」という結論になるような材料が必要です。誰もがそう思うためには、あいまいなものではなく、市場へ入る資金の量が増える材料であることが必要です。

　景気が良いとか悪いという肌感覚や、経済指標などは、特定の時期の一時的な上げ下げに影響を及ぼしますが、市場全体を長く持ち上げていくほどの力はありません。

　では、どういう材料であれば足りるのでしょうか。

　それは「株式市場へ向かう資金量の推移」です。これを基準にすれば、市場全体に長く影響し続けるか否かを推し量ることができます。

　2022年は各国でインフレ圧力が高まったことで、中央銀行による政策金利の引き上げが話題の中心になっていました。利上げは、株式市場にとってマイナスイメージがありますが、実は利上げによって必ずしも株価が下がるわけ

ではありません。

　原理原則からいえば、利上げが長く続き、債券の利回りが高くなって、株などのリスク商品と比較して、国債のお得感が出てきたり、金利上昇によって借金がしにくくなったりするような状況になると、リスク市場から投機資金が債券に向かい、株式市場全体の資金量が縮小していきます。そうなると、指標となる株価指数も、下降へ向かう可能性が出てきます。

　ただ、実際に過去のFRBの利上げ局面を見ると、政策金利の引き上げによってNYダウが1年を通じて積極的な下げ局面となっていることがほとんどなく、実は横ばいか上昇の流れをつくっていることのほうが多くなっています。

　FRBが利上げを実行するときは、消費が活発になっていて、賃金が上昇して、物価が上昇しているときです。積極的な消費を抑えて、インフレを抑制するために利上げするのです。裏を返せば、消費が活発で、企業の収益増が続いているわけですから、NYダウが上昇の流れを継続してもおかしくありません。

　2022年にFRBは、利上げだけではなく、量的な引き締めを実行しています。量的な引き締めは、保有している債券を売却することで、市場からお金を吸収する政策になります。量的な引き締めは、金融市場からお金を吸収するわけですから、株式市場へ入る資金量に直接影響する政策になります。こちらは比較的ダイレクトに株式市場に影響を及ぼし、それまでの株価が上昇していても、上がりにくく

なって、展開次第では下降を開始することになります。

　図表4-7は、米国のマネタリーベース（資金供給量）の推移です。

　2008年以降、米国は、資金供給量を大幅に増加させてきました。

　景気が上向き、インフレ圧力が高まったことで、2018年は、量的引き締めを積極的に実行したことで、マネタリーベースが減少していることがわかります。

　2018年のNYダウは、年初よりも年末の値位置が低くなっています。

　同様に、2022年も、マネタリーベースが減少して、NYダウは1月の値位置よりも12月の値位置のほうが低くなっ

図表4-7 ▶ 2008年以降の米国のマネタリーベースの推移

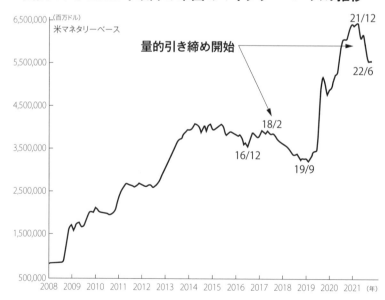

ています。

　政府が積極的に経済対策を実行し、その結果、歳入よりも歳出のほうが増加し、赤字国債を発行する場合はどうでしょうか。積極的な経済政策は、その分の資金が前年よりもよけいに流れることになるのですから、市場へ入る資金量も増えて、指標が上昇する要因になります。

　以上のように、「株式市場へ向かう資金量の推移」という観点から経済・金融政策等を考慮して、たとえば、その年のNYダウが上値重く推移すると判断できる状況で、1月から価格が下降を開始するなら、その下げは、値幅の伴った動きになる可能性があると見ておきます。

　3月、5月頃、戻り高値をつけた後に下降を開始するなら、その下げは、年初来の安値を割れて、一段安を目指すと見ておくことができます。

　逆にその年が強気と見るなら、年明け後、すぐに価格が下げても、遅くても、3月頃に押し目をつけて、5月頃までに年初来高値を更新する展開になると見ておきます。

　このように大枠で年間の方向性を想定したうえで、そうならなければ、逆の動きになる可能性を考慮し、判断の基準にしていた材料を再検討する必要があります。

　ちなみに、米国では、企業年金を運用する際、リスクの度合いを個人が選択する仕組みになっています。

　株などのリスク商品を中心に運用しているファンドへの投資を重視している方が多いので、株式市場の低迷は、自分の財布が細ることにつながるため、すぐに消費低迷へと

結びつきます。反対に株価の上昇は、ゆとり資金の増額になるので、消費が拡大するきっかけになります。

　また、米国での住宅ローンは、返済不可能になった場合、買った家を返却すれば、残債がなくなる仕組みになっています。そのため、日本よりも、気軽にローンを組みやすい環境があるので、景気がよくなって、将来的な期待値が高まると、住宅投資に向かいやすいといえます。

　2020年以降は、コロナ禍で在宅ワークが増えたため、郊外でも仕事ができる条件が整ったことで、住宅投資が増加し、それにともない耐久財需要が増加しました。

　その際、コロナによる規制で物流が滞り、また、人の移動制限による人手不足が重なったため、供給不足が発生しました。

　2022年に株価情報の中心となった、米国の急速な物価上昇は、住宅投資がきっかけの1つになっています。

　このように、米国では、経済が活性化するためのボタンが用意されていて、そこを押せばいいようになっています。

　そのため、日本の景気動向を予想するよりも、わかりやすい環境がととのっているともいえます。

日経平均の1年間の値動きの基本パターン

　日経平均株価の1年間の値動きに関しては、これまでの著作（2015年の『株は1年に2回だけ売買する人がいちばん儲かる』、2018年の『株価予測の技術［決定版］』、ともに日本実業出版社）でも書いていますが、ここでもまず、おおまかな見方を説明しておきます。

　次ジ**図表4-8**は、1980年から2021年までの年間が陽線の場合と年間が陰線の場合の、日経平均株価の月ごとの値動き（陽線確率）を示しています。

　上段は、42年間で、年足が陽線引けした年（大発会の値位置よりも大納会の値位置のほうが高い年）の月ごとの値動きになります。42年中、28回ありました。

　中段は、42年間で、年足が陰線引けした年（大発会の値位置よりも大納会の値位置のほうが低い年）の月ごとの値動きになります。42年中、14回ありました。

　下段は、42年間の全体での月ごとの動き方を示しています。

　年足陽線の年は、1月、3月、4月、6月、11月、12月に上昇していることが多くなっています。

図表4-8 ▶ 年間陽線、陰線のときの月ごとの陽線確率

陽線引け42年中28年

	1月	2月	3月	4月	5月	6月	7月	8月	9月	10月	11月	12月
回数	18	15	18	19	14	18	14	17	15	17	19	23
陽線確率	64.29	53.57	64.29	67.86	50.00	64.29	50.00	60.71	53.57	60.71	67.86	82.14

陰線引け42年中14年

	1月	2月	3月	4月	5月	6月	7月	8月	9月	10月	11月	12月
回数	5	7	5	8	7	6	4	3	5	5	9	4
陽線確率	35.71	50.00	35.71	57.14	50.00	42.86	28.57	21.43	35.71	35.71	64.29	28.57

全体42年

	1月	2月	3月	4月	5月	6月	7月	8月	9月	10月	11月	12月
回数	23	22	23	27	21	24	18	20	20	22	28	27
陽線確率	54.76	52.38	54.76	64.29	50.00	57.14	42.86	47.62	47.62	52.38	66.67	64.29

　1月、12月は上昇する傾向が強く、とくに12月は、28年中、23回が陽線引け（確率82%）していて、年間が強気に推移する場合、ほとんどの年で年末へ向けて価格が上昇していることがわかります。

　年足陰線の年は、1月、3月、7月、8月、9月、10月、12月に下げていることが多くなっています。

　とくに、7月、8月は、28%、21%と上昇する確率が低く、弱気の年の場合、積極的に価格が下げていることがわかります。また、1月、12月も下げていることが多くなっています。

これをベースに、年間が強気（陽線）、年間が弱気（陰線）、年間が横ばいの3つのケースでの値動きのイメージを考えてみます。

◉年間が強気に推移する場合

- 前年からの上昇を継続、あるいは2月、3月に押し目をつけて上昇を開始
- 4〜6月に戻り高値をつけるが、その後の調整幅が小さく、7月以降も上昇を継続する展開になる
- 8〜9月までに比較的値幅の大きな調整が入る場合でも、年初の安値よりもかなり上方で押し目をつけて、9月、10月頃までに上昇を開始
- 10月頃にはっきりした上昇の流れができていると、その流れが翌年3月以降の上げやすい時期まで継続する

　次ページ **図表4-9** と **図表4-10** は、それぞれ、年間が強気の展開になった年の日経平均株価の値動きになります。

　どちらも、年の前半に上昇した後、5〜9月頃の期間で上値を抑えられた後、年の前半の安値を維持して、年末へ向けて、再度上昇を開始していることがわかります。

　強気の年は、年の前半に年間の上昇分の大部分を上げるパターン、年の前半と、年末へ向けた動きの両方で上げ幅を拡大するパターン、年の前半が横ばいに推移して、年の後半に年間の上げ幅の大部分を取りに行くパターンがあります。

日経平均の1年間の値動きの基本パターン

図表4-9 ▶ 2013年の日経平均株価日足

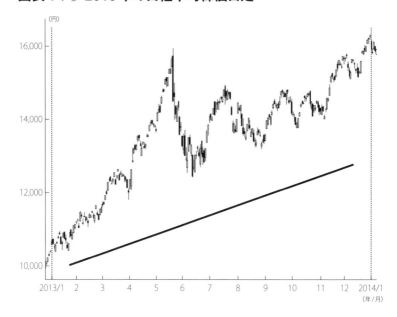

図表4-10 ▶ 2019年の日経平均株価日足

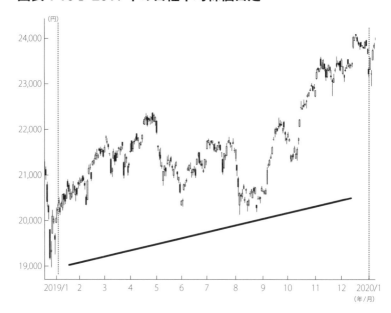

●年間が弱気に推移する場合

- 前年の下げを継続、あるいは前年末に戻り高値をつけてからの下げを年初も継続して、2月、3月に押し目をつけて上昇を開始
- 2月、3月からの上昇が4〜6月に戻り高値をつけて下降に転じ、その後の下げで1月〜3月の安値を下回る動きになる
- 1月〜3月までの下げ幅が大きいと、3月以降の戻りが年初の高値を上抜けずに推移
- 8月以降に年間の最安値をつける

　次ジ**図表4-11**と**図表4-12**は、それぞれ、年間が弱気の展開になった年の日経平均株価の値動きになります。

　2008年は、前年からの下げの流れを3月まで継続した後、3月から6月まで反発基調となって、6月以降、10月末に年間の最安値をつけるまで、ほぼ一本調子の下げ局面となっています。

　2011年は、特殊要因があり、3月に価格が急落した後、すぐに押し目をつけて、上値を試す流れになっています。その上昇が2月の高値を超えられず、7月から11月まで、下降の流れを継続し、11月に年間の最安値を更新しています。

　図表4-8で、年間の陰陽の違いによって1月、12月の方向が極端に違っていました。1月に価格が上昇を開始する動きになるか、下降の流れをつくるかが、その年の方向を示す目安になっています。

図表4-11 ≫ 2008年の日経平均株価日足

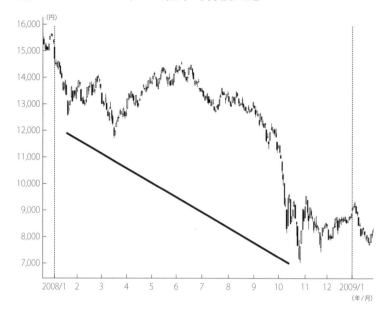

図表4-12 ≫ 2011年の日経平均株価日足

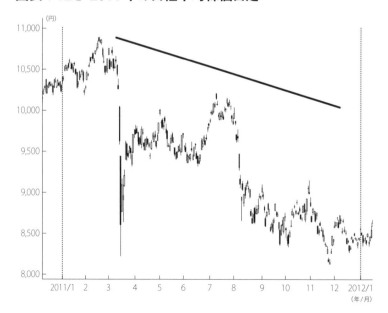

●年間が横ばいに推移する場合

　年間が陽線、陰線のほかに、大発会の値位置と大納会の値位置が近くなって、年間がほぼ横ばいに推移している年もあります。

　横ばい、転換パターンの年は、前年からの下げが3月、4月に押し目をつけて上昇を開始するパターンと、9月〜11月に押し目をつけて上昇を開始するパターンがあります。上昇を開始した後は、年初の値位置まで一気に戻す動きがあらわれます。

　年初に上昇して、横ばいの動きになる場合、年の中盤の下げが年初の安値付近で止まり、年末へ向けて上値を試す動きになりやすいので、結果として強気パターンとなる年が目立ちます。年の中盤に大きく下値を掘り下げる場合、そのまま戻さずに、弱気パターンの年の動きになることが多くなっています。

　次ジ**図表4-13**と**図表4-14**は年間が横ばいに推移した年です。

　2016年は、年明け後、2月までの期間で、一気に価格が下げた後、7月まで下値堅く推移して、7月以降に上昇を開始して、年末の値位置が年初の値位置に近い水準となっています。

　2021年は、年明け後、2月まで価格が上昇しましたが、その上げ分を8月までの期間で押し戻されています。9月に価格が上昇しましたが、2月の高値付近で上値を抑えられて、年末まで、上値重く推移しています。2021年は、年足は陽線で引けていますが、全体の動きを見ると、横ばいに推移した年です。

図表4-13 ≫ 2016年の日経平均株価日足

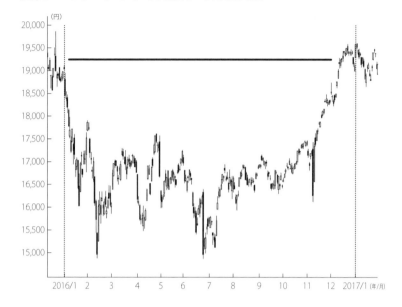

図表4-14 ≫ 2021年の日経平均株価日足

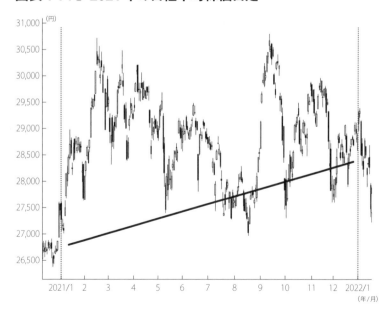

日経平均が上げやすい 時期と下げやすい時期

　図表4-15は、1980年〜2021年までの期間で、年間が陽線引けした年、陰線引けした年のそれぞれで、年間の最高値をつけた月、最安値をつけた月を示しています。

　日経平均株価は、「上げやすい時期に価格が上昇して、上げ幅を拡大し、下げやすい時期にあまり下げない」ことで、年初の値位置よりも年末の値位置が高くなって、結果

図表4-15 》1980年〜2021年（42年間）で、日経平均株価が年間の最高値、最安値をつけた月

陽線引けした年の値動き (28年間)

月	1月	2月	3月	4月	5月	6月	7月	8月	9月	10月	11月	12月
高値回数	0	0	0	2	0	2	0	3	2	2	3	14
安値回数	11	1	4	4	0	3	2	1	0	1	1	0

陰線引けした年の値動き (14年間)

月	1月	2月	3月	4月	5月	6月	7月	8月	9月	10月	11月	12月
高値回数	4	2	1	2	2	2	0	0	0	1	0	0
安値回数	0	0	0	0	0	0	0	2	2	4	2	4

として年間が陽線引けする展開となります。

　図表を見ると、年間が陽線引けしている年は、だいたい上げ傾向のある4月までに年間の最安値をつけて上昇を開始して、12月に年間の最高値をつける展開となっています。

　逆に「上げやすい時期の上げ幅が大きくならず、下げやすい時期に下げ幅が拡大する」と、年間が陰線引けする展開となっています。

　図表を見ると、1月に年間の最高値をつけることが多く、遅くても6月頃までに年間の最高値をつけて下降を開始して、10～12月頃に年間の最安値をつける動きとなっています。

　年間が陰線引けする場合、1～7月に年間の最安値をつける展開になった年が計算期間中で一度もありません（2022年は年間が陰線で、3月に最安値をつけています）。

　7月頃（7～9月頃）の下げやすい時期に日柄と値幅のともなったはっきりとした下げの流れをつくって、7月以降に下値を掘り下げていることがわかります。

年の前半か後半の
どちらかで年間の
上げ分を取りに行く

　セクション4-5と4-6では年間が陽線か陰線か、年間の
最高値、最安値はいつか、という視点で日経平均の1年間
の値動きを見てきましたが、上げ幅はどうなっているのか
という視点からするとどうでしょうか。

　年足が陽線引けする場合、1990年以降の日経平均株価は、
年の前半か後半のどちらかで年間の上げ幅の大部分を取り
に行く展開となっています。

　1990 ～ 2021年までの期間で、年足陽線だった年は、
1993年 ～ 1995年、1999年、2003年 ～ 2006年、2009年、
2012年 ～ 2017年、2019年、2020年、2021年の18回あり
ます。

　それぞれ、年間の変動幅の大部分を取りに行っている動
きとなった期間は、次ジ **図表4-16** のとおりです。

　年初から上昇して6月頃に戻り高値をつける動きになる
か、6月、8月、9月頃から年末まで上昇の流れをつくる展
開かのどちらかになっているケースが目立ちます。

　日経平均株価は、米国の株式市場の影響を強く受けてい
るため、年の前半、すなわち6月、7月頃までの期間、前

図表4-16 ▶ 年間の上げ幅の大部分を取りに行った時期

年足陽線の年	年の前半	年の中盤	年の後半
1993	1月～5月		
1994	1月～5月		
1995			7月～12月
1999	1月～7月		
2003		4月～10月	
2004	2月～4月		
2005			5月～12月
2006			6月～12月
2009		3月～8月	
2012	1月～3月		
2013	1月～5月		
2014			5月～12月
2015	1月～6月		
2016			6月～12月
2017			9月～12月
2019			8月～12月
2020			3月～12月
2021	1月～2月		

年末頃からの材料が意識されることが多く、8月以降、米国の新年度へ向けて、新たな材料が意識されやすい時期へ入ると考えられます。

　年間が弱気、強気の年は、前半、後半の注目材料によって、一気に上げ幅、下げ幅を拡大して、行けるべき場所まで到達する動きとなって、次の変化を待つ展開となっています。

　年間が横ばいに推移する年は、市場参加者の注目している材料の変化が、前半と後半で強くあらわれることでつくられています。

1年間の日経平均の
方向性は
「1月の動き」でわかる

　日経平均株価は、前年末から当年4月頃までの期間で上げやすい傾向があります。とはいえ、「1月に大きく上昇しているか」といえば、最近はそうでもありません。

　右肩上がりだったバブル以前、1950年から1989年までの期間では、1月の月足が陽線引けする確率は、82.5％です。しかし、1990年以降の期間で見ると、必ずしも、1月が上昇しているわけではありません。1990年から2021年の期間では1月に陽線引けする確率が43.8％しかなく、むしろ陰線引けが目立つ動きになっています（次ジ**図表4-17**）。

　この理由として考えられることは、日本の株式市場における上昇への期待値の変化があると考えられます。

　通常、年末頃に翌年度の予算案が閣議決定されて、1月から始まる通常国会で審議されることになります。ということは、株価の方向を示唆する政府の方針は、年末までにおおまかに見えてくることになります。また、年末、年初と日本国内が連休となって取引できない時間ができてしまいます。

　大まかな方向性が見えている状況で、年末、年始に取引できない時間があるのですから、株価は、12月中に行け

図表4-17 ≫日経平均株価の１月から４月の値動き

年	1月	2月	3月	4月
1990	●	●	●	●
1991	●	○	●	●
1992	●	●	●	●
1993	○	●	○	○
1994	○	●	●	○
1995	●	●	●	○
1996	○	●	○	○
1997	●	○	●	○
1998	○	○	●	●
1999	○	●	○	○
2000	○	○	○	●
2001	●	●	○	○
2002	●	○	○	○
2003	●	○	●	○
2004	●	○	○	○
2005	●	○	●	●
2006	○	●	○	●
2007	○	○	●	○
2008	●	○	●	○
2009	●	●	○	○
2010	●	●	○	●
2011	●	○	●	○
2012	○	○	○	●
2013	○	○	○	○
2014	●	○	○	●
2015	○	○	○	○
2016	●	●	○	●
2017	●	○	●	○
2018	○	●	●	○
2019	○	○	●	○
2020	●	●	●	○
2021	○	○	●	●

＊月足陽線が○、月足陰線が●

るところまで行ってしまうという値動きにつながりやすい
わけです。

　1989年までは、翌年度へ向けて、株価の上値余地への
期待値が高く、年末までの上昇の流れを継続する格好で、
1月の株価が上昇していたと推測できます。一方で、1990
年以降は、バブル崩壊後の不良債権問題がくすぶり、国内
の投資環境が整っていない状況が長く続いてきたため、翌
年度へ向けた期待値が低い年が多く、年明け後、すんなり
と上昇できない年が多くなってしまったと考えられます。

　1990年から2021年までの31年間では、「1月がはっきり
と上昇」の流れをつくっている年 (陽線で引けるだけでなく、明
確な上昇場面になっている年) が7回しかありません。これらの
年は、「年間が陽線引けする展開になっていることが多
い」「年の前半に年間の上げ分の大部分を取りに行ってい
る」「1月の安値が年間の最安値になっていることが多い」
などの特徴があります。
　次ジ**図表4-18**は、1月の月足の陰陽線を示したものと、
右側の数値が「4月の終値から1月の始値を引いた結果」
になります。○が陽線引けした月、●が陰線引けした月で
す。
　1月が陽線引けしている年は、2月、3月、4月に陽線引
けしていることが多く、1月が陰線引けしている場合、2
～4月も陰線引けしていることが多くなっています。
　1990年から2021年の期間で、1月が陽線引けした年は、
14回あるなかで、1月の始値よりも4月の終値のほうが低

図表4-18 ≫ 日経平均株価の1月と4月の値位置の比較

年	1月陰陽	1月始値	4月終値	4月終値-1月終値
1990	●	38921	29584	-9337
1991	●	23827	26111	2284
1992	●	23030	17390	-5640
1993	○	16980	20919	3939
1994	○	17421	19725	2304
1995	●	19724	16806	-2918
1996	○	19945	22041	2096
1997	●	19364	19151	-213
1998	○	15268	15641	373
1999	○	13779	16701	2922
2000	○	18937	17973	-964
2001	●	13898	13934	36
2002	●	10631	11493	862
2003	●	8670	7831	-839
2004	●	10788	11762	974
2005	●	11458	11009	-449
2006	○	16295	16906	611
2007	○	17323	17400	77
2008	●	15156	13850	-1306
2009	●	8991	8828	-163
2010	●	10609	11057	448
2011	●	10352	9849	-503
2012	○	8549	9520	971
2013	○	10604	13860	3256
2014	●	16147	14304	-1843
2015	○	17325	19520	2195
2016	●	18818	16666	-2152
2017	●	19298	19196	-102
2018	○	23074	22468	-606
2019	○	19655	22259	2604
2020	●	23320	20194	-3126
2021	○	27575	28812	1237

1年間（長期）の日経平均の動きを予測してシナリオをつくる方法

かった年は、2回しかありません。

　一方、1月の始値よりも4月の終値のほうが低かった年は、15回ありますが、15回中13回は、1月の月足が陰線引けした年にあらわれています。

　1月は、その年の前半の市場参加者の期待値を示唆していると見ることができます。

　一方、「1月が大幅安」となった年はかなり弱い動きになっています。

　1990年から2021年の期間で、1月に始値から安値までの値幅が1000円幅以上あり、1月の月足が陰線引けしている年は、1990年、1991年、1992年、1995年、1997年、2008年、2009年、2014年、2016年の9回あります。このなかで、1990年、1991年、1992年、1997年、2008年の5回は、年足が陰線引けしています。

- 1990年は、1月に年間の最高値をつけて、高値から安値までの下げ幅が1万9169円幅
- 1991年は、3月に年間の最高値をつけて、高値から安値までの下げ幅が6607円幅
- 1992年は、1月に年間の最高値をつけて、高値から安値までの下げ幅が9707円幅
- 1997年は、6月に年間の最高値をつけて、高値から安値までの下げ幅が6422円幅
- 2008年は、1月に年間の最高値をつけて、高値から安値までの下げ幅が8162円幅

1月に1000円幅以上の下げを経過して、1月の月足が陰線引けしている年は、年足が陰線引けする展開となって、年の前半につけた高値から6000円幅以上の下げを経過するか、年足が陽線引けする場合でも、3月、または7月頃まで下値を掘り下げる動きになるかのどちらかの展開となっています。

1月に下げた後の展開はどうなっているでしょうか。

図表4-19は、1990年から2021年までの期間で、1月から大きく下げて、2月以降に押し目をつけた年の値動きを示しています。

順番に「1月の最高値をつけた日」、「下降を開始して目立った押し目をつけた日」、「押し目をつけて上昇を開始し

図表4-19 ▶ 日経平均が1月に下げた後の展開

下降を 開始した日	押し目を つけた日	安値	高値を つけた日	高値	上げ幅
1990/01/04	4/5	27251	6/8	33344	6093
1992/01/07	4/22	16572	5/14	19003	2431
1995/01/04	4/4	15256	5/8	17189	1933
1997/01/06	4/11	17447	6/26	20910	3463
2001/01/19	3/15	11433	5/7	14556	3123
2002/01/07	2/6	9420	5/27	12081	2661
2003/01/07	4/28	7603	7/10	10070	2467
2008/01/04	3/17	11691	6/6	14601	2910
2009/01/07	3/10	7021	6/12	10170	3149
2010/01/15	2/9	9867	4/5	11408	1541
2014/01/06	4/14	13885	7/31	15759	1874
2016/01/04	2/12	14865	4/25	17613	2748
2018/01/23	3/26	20347	5/21	23050	2703
2020/01/17	3/19	16552	6/9	23185	6633

た後、目立った高値をつけた日」、「安値から高値までの上げ幅」の日付と数値を掲載しています。

高値をつけた日までの値動きは、はっきりとした上昇の流れをつくっている期間にしています。

安値から高値までの値幅を見ると、そのほとんどが2000円幅以上になっています。

1月の下げの流れを2月も継続する動きは、非常に弱い状況であることを示唆しています。図表の押し目をつけた値位置は、その状況のなかで、下げが勢いづいたことで、その時点で、下げられるだけ下げた後につけた値位置です。

多くの市場参加者がこのあたりと強く意識している値位置まで下げた後、上げやすい4月へ向けて、反動高があらわれているため、押し目底をつけた後は、はっきりとした上昇の流れとなって、上げ期間、上げ幅のともなった動きになっていると推測できます。

1月から積極的に下げた場合、押し目をつけるまでの動き方には2通りのパターンがあります。次ジ**図表4-20**と**図表4-21**は、1月以降の値動きの典型的なパターンを示しています。

1月以降の下げがその時点での下値の限界（5月以降に年の後半の展開が意識されると見方が変わります）を確認する作業になっていると書きましたが、その下げ方には、はっきりとした下げの流れをつくり、日柄をかけて、下値を掘り下げていくパターン（パターン1）と、急激な下げを経過して、一気に下げるパターン（パターン2）があります。

図表4-20の1995年の展開は、明確な下降トレンドを形

図表4-20 ▶ 1995年1月以降の日経平均株価日足
（1月以降に下げる場合の典型的なパターン1）

図表4-21 ▶ 2018年1月以降の日経平均株価日足
（1月以降に下げる場合の典型的なパターン2）

成して、日柄をかけて下げるパターン1です。

　チャートでは、4月4日以降の上げが一時的な反発に過ぎず、あまり上昇していないように見えます。しかし、4月4日に押し目をつけた後、5月8日まで、目立った調整のない上昇の流れが1か月程度続き、2000円幅近い上げ幅となっています。上げやすい時期にきれいな上昇が1か月も続いてくれると、どれだけ取引がしやすいかは、おわかりいただけるのではないでしょうか。

　図表4-21の2018年の展開は、一気に下値堅い場所まで下げて、その後、ジグザグに推移して、上昇のきっかけを待っているパターン2です。

　押し目底をつけた日は3月26日ですが、一気に下げてつけた2月の安値が意識される動きになっています。3月26日に押し目をつけた後、5月21日まで、上昇の流れを継続して、2703円の上げ幅となっています。

　そのほかの1月に下げた年の特徴を挙げると、年足が陰線になる場合、年初から下げている年は1月の高値が意識されています。

　1990〜2021年までの期間で年足が陰線引けしている年は、1990年、1991年、1992年、1996年、1997年、1998年、2000年、2001年、2002年、2007年、2008年、2010年、2011年、2018年の14回あります。

　14回の中で、1月以降に価格が下げている年は、1990年、1992年、1997年、2001年、2008年、2018年の6回です。これらの年は、1月の高値が年間の最高値になっているか、価格が上昇しても、1月の高値が意識される格好で、上値

を抑えられて、下降を開始しています。

　1990年、1992年、2008年は、1月の高値が年間の最高値となっています。

　1997年は、4月まで上値重く推移した後、4月11日から上昇し、6月26日に年間の最高値をつけて下降を開始しています。6月26日の高値2万910円は、1月（6日）の高値1万9500円を超えていますが、1月の高値を超えた地点から、上値が重くなり、5月、6月が横ばいに推移して、1月の高値が意識される格好で、6月に戻り高値をつけています。

　2001年は、5月7日の高値1万4556円が年間の最高値になっています。1月（19日）の高値1万4186円を若干超えた程度の地点となっています。

　2018年は、1月23日から3月26日まではっきりとした下降局面を形成して、3月26日〜5月21日まで上昇しています。5月の高値は1月以降の下げ幅の61.8％戻しを若干超えた程度の地点でつけています。10月に1月の高値を若干だけ、一時的に更新する動きになっていますが、それまでは、5月21日の高値を9月まで超えられない動きとなっています。

　1月以降に価格が下げて、年間が陰線引けする展開になる場合、その後の価格が上昇を開始しても、1月の高値を超えられないか、1月の高値が意識される動きになっていることがわかります。

　一方で、1995年、2009年、2014年、2016年は、1月に下げた後、年足が陽線引けする展開となっていますが、1月の安値が底値となって、上昇を開始しているのかといえ

ば、そうではありません。

　1995年は、1月から7月まで下げの流れを継続して、7月に底値をつけて上昇を開始しています。1月の高値1万9724円から7月の安値1万4295円まで、5429円幅の下げ場面となっています。

　2009年は、1月から3月まで下げ続けています。1月の高値9325円から3月の安値7021円まで、2304円の下げ幅となっています。

　2014年は、1月から4月まで下げ続けています。1月の高値1万6164円から4月の安値1万3885円まで、2279円の下げ幅となっています。

　2016年は、1月から6月まで、戻せば売られる展開となっています。1月の高値1万8951円から6月の安値1万4864円まで、4087円の下げ幅となっています。

　これらの年（1995年、2009年、2014年、2016年）は、下げていた価格がいきなり上昇を開始したわけではなく、それまでの弱気材料を払拭して、年末へ向けて上昇を開始できる、積極的な材料があらわれています。

　1995年は、年初の大幅な円高に対する介入や、経済対策が実行されています。

　2009年は、リーマンショック後の経済対策が実行されています。

　2014年は、10月に日銀が追加の量的緩和を実行し、同月にGPIFが国内、海外の株式等の運用割合を引き上げています。

2016年は、米国大統領選挙で、積極財政、減税を主張していたトランプ大統領が当選したことで、11月にNYダウが急騰した流れを映して、日経平均株価も11月に上昇を開始しています。

CHAPTER
5

仕掛ける際に役立つ
「日経平均の１日の値動き」
の読み方

SECTION
5-1

日経平均の動きは NYダウとセットで 判断する必要が出てきた

　日経平均の1日の値動きをイメージするためには、ところどころで途切れている時間を結びつけることが重要になります。

　そのため、NYダウ（NYダウ先物・CFD）、日経平均（日経225先物・CFD）の動きをそれぞれ単独で見るのではなく、つながりがあるものとして見ていく必要があります。

　複数の銘柄と時間の経過をたどることで、未来をつなげることができるのです。戦う相手を徹底的に知り尽くす必要があります。そうすることにより、自分の投資したい銘柄の予想の精度を上げることができます。

　現在は、取引時間が長くなったことで、終値の意味が薄れましたが、一方で、他の市場とのつながりが強くなったため、他の市場の状況と合わせて、流れが読みやすくなっているのは大きなメリットだといえます。

　日経平均株価は、東証に上場している225銘柄を使って算出しています。NYダウは、ニューヨーク証券取引所とNASDAQに上場している銘柄のなかから、厳選した30銘柄を使って算出しています。採用銘柄の株価が上昇、下降することで、指数の位置が変化します。

日経平均株価、NYダウの指数の動きをつくるには、現物を動かす必要があるわけです。このことから、値動きを見るにあたって、次のポイントが大事だとわかります。

- 日経平均株価のその時々の本当の強さ、弱さ、方向は、日中の現物が動くことによってあらわれる
- 日経225先物の夜間取引の値動きは、架空のものだと考えておくことができる
- 日経225先物の夜間の動きは、日経平均株価の実態を反映していないので、翌日の日中、現物の取引量の多い時間帯に、夜間の値動きの答え合わせがある
- 同じことは、NYダウにもいえる
- NYダウと日経平均株価は、正の相関の強い期間が長いので、たいていの場合、NYダウが下げると、夜間の日経225先物も下げる
- 同じことは、NYダウにもいえる

　以上のポイントを前提として、日経平均とNYダウの値動きを合わせて見ていくことで、どのように日経平均、225先物の展開を判断するかについて、実際の値動きで確認していきます。

　次ジ**図表5-1**は2022年6月の押し目場面での日経平均株価日足です。6月20日の日経平均株価は、寄り付き値で2万6156円をつけた後、すぐに下降を開始し、前引けまでの時間帯で2万5520円まで下げています。前場で636円幅の下げを経過して、17日の安値2万5720円を割れる動き

図表5-1 ▶ ６月の押し目場面での日経平均株価日足

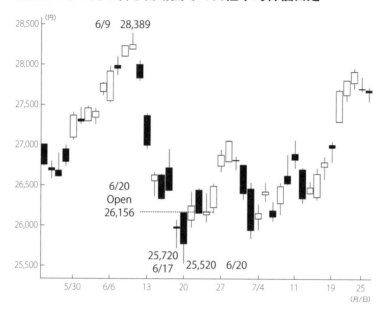

となっています。

　図表5-2は2022年６月の押し目場面でのNYダウ日足です。NYダウは、１月５日以降、上値、下値を切り下げるジグザグの下げの流れを形成しています。

　１月５日以降のジグザグは、以前の押し目を割れた後、２〜４営業日目に押し目をつけて、反発を開始する動きを繰り返しています。

　ジグザグの下げの流れを継続しているなら、５月20日の安値３万635ドルを割れた後、２〜４営業日で押し目をつけて、再反発する可能性があります。

　６月17日は、３万635ドルを割れて、５営業日目になりま

図表5-2 ▶ 6月の押し目場面でのNYダウ日足

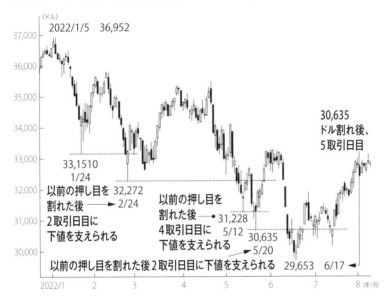

すが、4営業日を過ぎたら反転しないと決めつけられない
ので、多少の許容範囲を持って考える必要があります。

　5営業日目となる6月17日は、下値が意識されている可
能性のある下ヒゲのある線をつけています。

　そのため、17日の翌営業日は、17日の安値が押し目に
なって、価格が反発する可能性を考えておく必要がありま
す。

　6月20日のNY市場が休場のため、その結果は、21日の
夜にわかります。

　20日の日経平均が17日の安値を大きく下回る下げとな
った動きは、NYダウが反発すれば、大幅に値を戻す展開
になると想定できるので、明らかに行き過ぎですが、その

結果が20日の夜にわからないわけです。

　20日の日経平均は、前場の時点で、さらに下値を掘り下げていいのかどうかがわからない値位置まで下げてしまったのですから、21日までの残された時間、価格は下値堅く推移すると推測できます。

　午後に反発を開始するか、または、夜間の先物が堅調に推移して、21日の日中の日経平均株価指数の寄り付き値が、上放れる展開になるかの、どちらかの可能性が大きいと見ておくことができます。

　その他には、次のようなケースも考えられます。

　夜間にNYダウが下げる過程で、225先物が大幅安となり、翌日の日経平均株価指数が、寄り付き後、すぐに下値の目安に到達すると推測できる場面では、日中の日経平均が下値堅く推移する可能性が出てきます。

　実際に日経平均が下値の目安となる場所で止まり、堅調に推移する動きとなれば、その晩のNYダウは、上昇して始まるという流れを事前に推測することができます。

　NYダウの寄り付き値、日経平均株価の寄り付き値が上放れて始まる展開、下放れて始まる展開が事前に推測できれば、その後の動きを予想する精度が上がります。

　正の相関の強い2つの市場が、指数先物によって、ほとんど隙間なく取引されているのですから、それぞれの市場の状況や値位置を考えれば、「日経がこうなれば、NYダウがこうなる」というように、先の先を次々と推測していくことができます。

SECTION 5-2 > 日足ではトレンドができている場面でも１日の動きには注意が必要

　価格の上昇場面では、多くの市場参加者が同じ認識で積極的になるため、一本調子になりやすく、ここ数年、その動き方が極端になっています。

　2021年の値幅をともなった上げ場面には、1月29日〜2月16日、8月20日〜9月14日などがあります。

　1月29日〜2月16日は、12取引日で、3085円幅の上昇場面となっています。平均すると、1取引日でだいたい257円幅の上げが連続したことになります。

　次ﾍﾟ**図表5-3**はその場面の日足チャートです。これを見ると、安定して長く上昇しているように見えます。しかし、1時間足チャート（次ﾍﾟ**図表5-4**）で見ると、長くだらだらとした上げの後、2月8日に一瞬の急上昇で一気に値段が2万8500円程度から2万9500円程度まで引き上げられて、その後、長いもみあいの時間帯を経て、上昇の最後の場面で、再度一気に上げる展開となって終了していることがわかります。

　225先物は、1取引日、24時間近い時間があるので、必ずしも夜間と日中の両方で上昇する展開になるわけではありません。

　上昇局面であっても、「夜間に上昇、日中に上値重い」、

図表5-3 ≫ 225先物ミニ期近日足 （2021年1月29日以降の上げ場面）

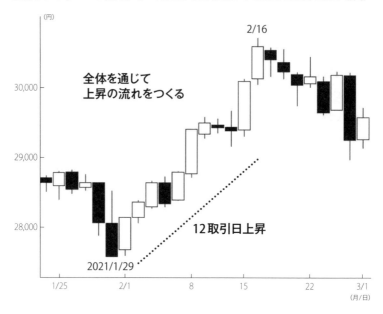

全体を通じて
上昇の流れをつくる

2/16

12取引日上昇

2021/1/29

図表5-4 ≫ 225先物ミニ期近の1時間足
（2021年1月29日以降の上昇場面）

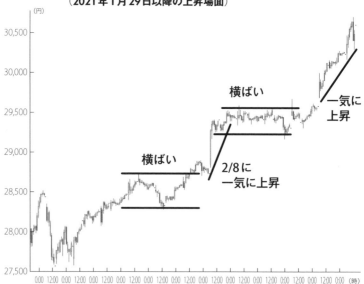

横ばい

一気に
上昇

横ばい

2/8に
一気に上昇

「夜間に下降、日中に上昇」という動きを繰り返して、徐々に上げるか、横ばいに推移している日柄がほとんどで、夜間と日中の両方で上げて、一気に上昇する日が数日あるだけで、その数日で上げ幅のほとんどを稼いでいます。

　12取引日あっても、時間ごとに区切ってしまえば、大きく上げて、しっかりと利益を出せる時間帯があるのは、ほんの数日なのです。

　図表5-5は8月20日〜9月14日の17取引日で3841円幅の上げ場面の日足、次ジ図表5-6は同じ場面の1時間足となっています。

　日足チャートでは、上げ続けているように見えますが、1時間足チャートで見ると、長い横ばい期間の後、一気に

図表5-5 ▶ 225先物ミニ期近日足 (2021年8月から9月の上昇場面)

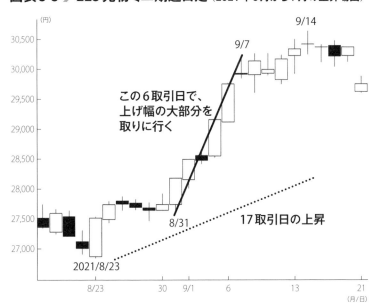

図表5-6 ▷ 225先物ミニ期近の１時間足
（2021年8月20日〜9月14日）

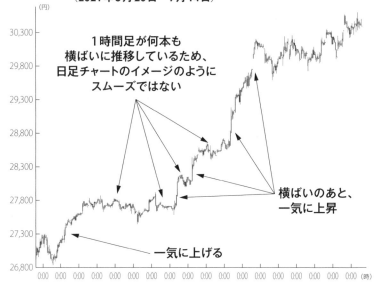

上げるという動きを繰り返しています。

　価格は、動きやすい時間帯で、その場面で行けるところまで一気に上昇、下降してしまいます。

　日ベースでは、勢いの強い動きで、一定の流れを継続しているように見えても、いったん大きく上げた後は、時間単位で見れば、長く待たされていることがわかります。

　いつ頃、上がるのか、下がるのかがわかっていないと、結果として、この待ち時間に耐えられなくなります。気持ちは秒単位で揺らぐため、一瞬の気の迷いが、取引を狂わせてしまいます。

　これは推測ですが、上昇、下降の振れ幅が大きくなる場

面では、大量の注文がアルゴリズム取引によってこなされることで、大きな振れがあらわれていると考えられます。

　大量の注文をこなす場面で、一定の流れができていれば、注文をこなしながら利益を追求することができます。

　そのような動きが発動したら、一定時間、その流れが継続する可能性が出てきます。そして、そうした勢いの強い流れがあらわれたならば、この時間、この値位置で止まるという過去の経験則が役に立たなくなります。

　逆に一定幅と一定時間の動きが終了すると、それは、大量の注文を消化し終わったことを意味します。そのため、しばらくは動きにくくなると考えられます。

　2022年は、FRBの利上げが市場の話題の中心となっていました。

　将来的な景気悪化や、物価の伸びが鈍化する経済指標が発表されたり、FOMCの結果や議論の内容が発表されたりすることなどをきっかけにして、突然、価格が動き出して、その後、一定の期間、安定して上昇し続けることが多々ありました。

　次ジ**図表5-7**は、2022年10月の225先物ミニ期近日足で、その下の**図表5-8**が、10月14日（13日夜間から14日日中）の5分足です。

　日足を見ると、14日は、下ヒゲの長い大陽線をつけて、以前の安値を維持する格好で大きく上昇しています。安値から高値まで、1日で1315円の上げ幅を経過しています。

　これを5分足で見ると、価格は、13日の夜間、21時30

図表 5-7 ▷ 225 先物ミニ期近日足、2022 年 10 月のチャート

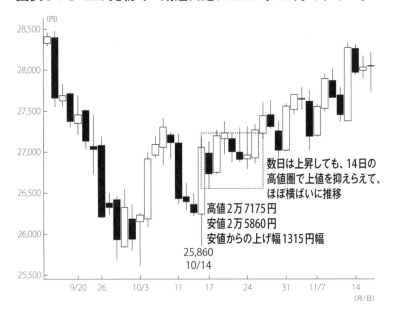

数日は上昇しても、14日の
高値圏で上値を抑えらえて、
ほぼ横ばいに推移

高値２万7175円
安値２万5860円
安値からの上げ幅1315円幅

25,860
10/14

9/20　26　10/3　11　17　24　31　11/7　14
(月/日)

図表 5-8 ▷ 225 先物ミニの 10 月 14 日（13日の夜間から14日の日中）**の５分足**

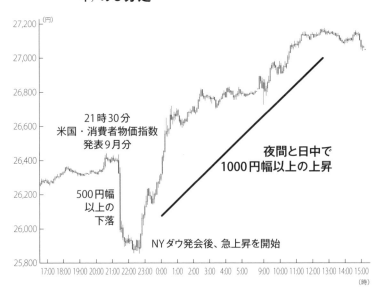

21時30分
米国・消費者物価指数
発表9月分

夜間と日中で
1000円幅以上の上昇

500円幅
以上の
下落

NYダウ発会後、急上昇を開始

17:00 18:00 19:00 20:00 21:00 22:00 23:00 0:00 1:00 2:00 3:00 4:00 5:00 9:00 10:00 11:00 12:00 13:00 14:00 15:00
(時)

分に米国の９月の消費者物価指数が発表された後、一気に500円幅以上の下げ場面となって、以前の安値へ接近する動きになっています。

　その下げの流れを22時過ぎまで継続しました。

　22時30分にNYダウが以前の安値付近から発会した後、急に上昇を開始して、その後、翌日の日中まで止まらない上げ場面を経過して、だいたい500円幅下げて、1300円幅の上げ場面となりました。

　このような動き方は、株価の動きとしてめずらしいわけではありませんが、上下へ振れる値幅が、以前では想定できない大きさになっています。

　図表5-7の日足チャートに戻って見ると、1取引日で一気に上げられるだけ上昇してしまったため、10月14日以降は、数日、上値重い動きが続いています。

SECTION
5-3

最高値、最安値の
出やすい時間帯とは

　図表5-9は、2022年の1～12月7日の期間で、225先物
ミニ期近が、1取引日のなかで最高値、最安値をつけた場
所を示しています（※先物の日足は「前日夜間→翌日日中」が「1取引
日」となっていることに留意してください）。

　当たり前と思うかもしれませんが、日足が陽線引けする
展開になっている場合、その日の最安値は、前日夜間の寄
り付き後、19時頃までの時間帯でつけることが多くなっ
ています。

　また、日足が陽線引けする場合のその日の最高値は、日
中の午後につけていることが多くなっています。

　一方、陰線引けした日の最高値は、夜間の時間帯につけ
ていることが多く、最安値は、日中の午前中につけている
ことが多くなっています。

　この動きは、2022年だけの特徴ではありません。

　陽線引けする場合、日中に最高値をつけている、陰線引
けする場合、日中に最安値をつけていることが多い理由は、
日中に現物の動意を得て、上げ幅、下げ幅が拡大するから
だと考えられます。

　そんなことは一般的に言われているから知っていると思
っているようなことでも、「そういう値動きになる可能性

図表5-9 ≫ 2022年1月5日～12月7日の最高値、最安値出現時間

夜間

陽線	16:30	17:30	18:30	19:30	20:30	21:30	22:30	23:30	0:30	1:30	2:30	3:30	4:30	5:30	6:00
最高値	0	1	0	0	0	1	3	2	1	2	3	2	7	3	2
	0	0.86	0	0	0	0.86	2.59	1.72	0.86	1.72	2.59	1.72	6.03	2.59	1.72
最安値	34	8	9	4	3	7	10	7	7	1	3	3	3	0	1
	29.31	6.9	7.76	3.45	2.59	6.03	8.62	6.03	6.03	0.86	2.59	2.59	2.59	0	0.86

日中

陽線	8:45	9:45	10:45	11:45	12:45	13:45	14:45	15:15
最高値	16	14	5	7	6	14	15	12
	13.79	12.07	4.31	6.03	5.17	12.07	12.93	10.34
最安値	8	4	2	2	0	0	0	0
	6.9	3.45	1.72	1.72	0	0	0	0

夜間

陰線	16:30	17:30	18:30	19:30	20:30	21:30	22:30	23:30	0:30	1:30	2:30	3:30	4:30	5:30	6:00
最高値	35	8	6	5	2	8	17	9	2	4	3	2	0	1	1
	30.7	7.02	5.26	4.39	1.75	7.02	14.91	7.89	1.75	3.51	2.63	1.75	0	0.88	0.88
最安値	0	0	1	0	1	0	4	4	2	2	3	1	4	2	0
	0	0	0.88	0	0.88	0	3.51	3.51	1.75	1.75	2.63	0.88	3.51	1.75	0

日中

陰線	8:45	9:45	10:45	11:45	12:45	13:45	14:45	15:15
最高値	6	4	0	1	0	0	0	0
	5.26	3.51	0	0.88	0	0	0	0
最安値	24	14	18	6	7	7	11	3
	21.05	12.28	15.79	5.26	6.14	6.14	9.65	2.63

がある」と考えるだけで、見えてくる展開があります。

　図表5-10は、2021年9月から12月までの日経平均株価日足です。

　2021年の日経平均株価は、2万8000円から3万円程度のレンジで推移していました。チャートの期間、9月以降も、年の前半から継続するレンジ内で推移しています。

　チャートでもちあいの動きを詳細に見ていくと、もちあいレンジ内にいくつかの節目があることがわかります。

　2万9000円は、レンジの中心で、目立つ節目となっています。ここを抜ける場面では、一気に上げ幅、下げ幅が大きくなって、大陰線、大陽線をつける動きとなるか、ギャップを開けていることがわかります。

図表5-10 ▶ 日経平均株価日足（2021年9月〜12月の値動き）

　また、価格が反転する場面では、2万9000円前後の水準で上値を抑えられたり、下値を支えられたりする動きがあらわれています。

　チャートでは、11月4日に戻り高値をつけて下降を開始しています。

　この下げが9月14日の高値3万795円での上値の重さを示した後の下げ場面となって、レンジ下限（図中のポイントは2万7293円）を目指すなら、2万9000円付近を抜ける場面で、大陰線をつける動きになるか、大きく2万9000円を下放れて始まると推測できます。

　11月10日は、寄り付き値が下放れ、下げの流れをつくりましたが、2万9000円へ接近する動きで引けています。

　翌11日に2万9000円を割れる展開になるなら、11日は、寄り付き値が2万9000円を大きく下放れて始まると推測できます。

　次ページ**図表5-11**は、225先物ミニ期近の2021年11月11日の15分足です（11月10日16時30分〜11日15時15分）。

　翌日の日経平均株価が、2万9000円を大きく下回って始まるためには、寄り付き後、夜間の引けまでの時間帯で、300円幅以上の下げを経過する必要があります。

　225先物の夜間の時間帯は、NYダウの発会後、値幅の大きな動きになりやすい傾向があります。

　300円幅以上の下げを経過するには、寄り付き後の早い時間帯から、下げの流れをつくるか、23時以降に下げ幅の大きな動きがあらわれる必要があります。

　日経平均株価が下げの流れへ入っていると推測するなら、

図表5-11 ▶ 225先物ミニ期近の15分足 (2021年11月11日)

当然、夜間の225先物が、寄り付き後、または23時以降に下げ幅の大きな動きがあらわれるはずです。

　そのような動きがあらわれないと、翌日の日経平均株価は、2万9000円を維持する格好で反転する可能性があると推測できるわけです。

　以下では、時間の経過ごとの判断を順を追って説明していきます。その時間帯ごとに、こうなるべきという値動きを想定し、値動きと照合して状況を判断しています。

　下げるべき時間帯に価格が下げなければ、その時点ではどう考えるか、時間帯がずれて下げだした場合、どう判断すべきかということなど、時間の経過ごとの値動きを受け入れて、読みを修正していきます。

　図表5-11の225先物ミニは、寄り付き後、価格が下げますが、積極的な下げの流れとならず、20時以降に価格が上昇しています。

　この上げが23時以降、上値を抑えられることなく、寄り付き後の高値を更新する展開となったことで、翌日の日経平均は、2万9000円の節目を維持する可能性があると推測することができます。

　23時以降に価格が下げませんでしたが、1時過ぎに戻り高値をつけて、夜間の引け前まで下げの流れをつくり、2万9000円を試す動きになっています。

　夜間に2万9000円の節目まで下げたので、日中、一気に2万9000円以下を目指す可能性を残しました。

　ただ、2万9000円を抜ける場面で、ギャップを開ける展開になるという見方をするなら、夜間の下げやすい時間帯で堅調に推移して、結局、2万9000円を維持して引けて、翌日の日経が2万9000円を大きく下放れる展開にならなかった時点で、11日の日経は、2万9000円を維持する展開を考慮しておくべきだと考えることができます。

　以上のことを頭に入れておけば、11日の日経は、頭のすみに強気の可能性を考慮しつつ、寄り付き後、上下どちらかへ向かったほうへ大きく動くことを想定しておくことができます。

　日経平均株価指数と225先物は、同じ動きになる銘柄ですが、「その日の国内の現物株の動きに強く影響を受ける指数」と、「指数よりも海外市場に影響を受けやすい先物」という値動きの違いによって、それぞれの展開を補完することができます。

値動きが激しくなりやすい
時間帯とは

　図表5-12は、2022年の225先物の時間帯ごとの変動幅
です。

　「時間帯すべて」は、上げ下げ関係ない変動幅です。「時
間帯上げ」は、その時間に上げたときの変動幅で、「時間
帯下げ」が、その時間に下げたときの変動幅になります。

　図表の上段は、時間（1時間単位）、真ん中は、その時間帯

図表5-12 ≫ 2022年の時間帯ごとの変動幅

時間帯すべての変動幅

時間	16:30	17:30	18:30	19:30	20:30	21:30	22:30	23:30	0:30	1:30
平均値幅	109.2	86.0	75.1	71.6	68.5	90.1	135.5	127.2	106.7	86.8
100円以上の回数	110	72	49	53	47	73	167	148	125	70

時間帯上げの場合の変動幅

時間	16:30	17:30	18:30	19:30	20:30	21:30	22:30	23:30	0:30	1:30
平均値幅	106.4	86.2	73.8	69.1	66.5	79.5	137.9	117.9	96.9	85.4
100円以上の回数	60	34	26	26	23	30	90	71	54	35

時間帯下げの場合の変動幅

時間	16:30	17:30	18:30	19:30	20:30	21:30	22:30	23:30	0:30	1:30
平均値幅	112.1	85.9	76.4	74.1	70.5	100.8	133.2	136.4	116.5	88.3
100円以上の回数	50	38	23	27	24	43	77	77	71	35

の「高値－安値」の平均値、下段が、その時間帯で100円
幅以上の動きがあった回数になります。

　1時間の平均変動幅が100円幅以上になっている時間帯
は、上下へ積極的に動いていると見ることができます。

　夜間の寄り付き後、NYダウの発会前後となる22時30分
〜0時30分頃まで、日中の午前中の変動幅が大きくなっ
ていることがわかります。また、日中は、夜間よりも動く
値幅が大きくなっていることがわかります。

　翌日の日経平均の展開、あるいはその晩のNYダウの展
開を想定して、その晩の225先物が積極的に上昇すると考
えた場合、図表が示しているとおり、寄り付き後、22時
30分から0時30分、日中の午前中などの時間帯で、一気
に上昇幅を拡大すると考えられます。これらの時間を経過

2:30	3:30	4:30	5:30	6:00	8:45	9:45	10:45	11:45	12:45	13:45	14:45	15:15
89.9	105.1	97.3	45.4	0.0	192.1	151.6	114.5	86.5	81.7	75.5	70.2	0.0
72	98	89	20	0	220	189	121	73	63	49	45	0

2:30	3:30	4:30	5:30	6:00	8:45	9:45	10:45	11:45	12:45	13:45	14:45	15:15
84.8	97.7	92.7	45.1	0.0	192.3	143.3	109.2	77.9	80.0	77.3	72.5	0.0
33	45	45	13	0	106	93	66	36	40	30	27	0

2:30	3:30	4:30	5:30	6:00	8:45	9:45	10:45	11:45	12:45	13:45	14:45	15:15
95.0	112.5	101.9	45.7	0.0	191.9	159.9	119.8	95.0	83.5	73.7	67.9	0.0
39	53	44	7	0	114	96	55	37	23	19	18	0

するごとに、その日にどのような展開になるという想定したいくつかのシナリオは、絞られていきます。

　1取引日のなかで、下げやすい、下げ幅が大きくなりやすい時間帯、上げやすい、上げ幅が大きくなりやすい時間帯があるのは、指数が現物の株価の動きによってつくられているため、現物の取引時間に動きやすくなっているためだと考えられます。

　また、その時々で注目されている経済指標の発表される時間帯が決まっていることも関係しています。

　不規則な動きの繰り返しのように感じるかもしれませんが、特定の時間帯での動きが基準になって、その日の値動きがつくられています。

SECTION 5-5 ▶ 1取引日の値動きの パターン（上げのケース）

　図表5-13は、価格が積極的に上昇する場合の典型的な
パターンです。これはローソク足の足型が大陽線をつける
場面であらわれやすい形です。

　大陽線は、「日中の引けまで大きく下げた後の反動高の
場面」、「押し目をつけた後の反発開始の場面」、「もちあい
を抜け出して、大きく上昇を開始する場面」、「節目になっ

図表5-13 ▶ 1取引日が上昇する場合の典型的なパターン
（225先物期近30分足、2019年1月7日）

16:30〜19:00頃までに最安値をつけて
上昇を開始するパターン

ている場所を抜ける場面」などであらわれます。

　大陽線をつける展開になるときは、寄り付き後、だいたい17時30分頃までにその日の最安値をつけて、上昇を開始します。

　この展開になる場合、20時頃には、寄り付き値を大きく上回る上げを経過しています。

　図表5-14のパターンは、上昇の流れができているときによく見られる動き方です。

　図表5-14は、0時頃までの時間帯で上がった後に下がる展開となっていますが、この逆（0時頃までの時間帯で横ばいから一段安を経過して、押し目をつけて、深夜に高値を更新して、そのまま強気の流れになるパターン）もあります。

図表5-14 ▶ 1取引日が上昇する場合の典型的なパターン
（225先物期近30分足、2019年1月9日）

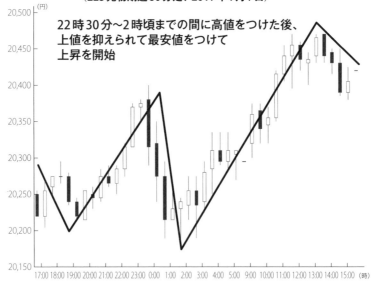

22時30分～2時頃までの間に高値をつけた後、
上値を抑えられて最安値をつけて
上昇を開始

　図5-14では、夜間の寄り付き後の価格が上昇した後、20時、21時、22 〜 23時頃に一時的に上値を抑えられて、すぐに上昇を開始する展開です。

　上値を抑えられた後、それまでの安値付近で下値を支えられることで、強気の流れになります（ここでそのまま下げ幅を拡大すると、162ﾍﾟ図5-17の弱気パターンの日の展開になります）。

　図表5-15は、日中の寄り付き後、急上昇するパターンです。

　225先物は、大陽線、大陰線をつける展開になる場合でも、夜間と日中の両方で積極的に上昇、下降の流れが継続する展開になることはほとんどありません。

　たいていは、夜間に横ばいから堅調で日中に上昇、夜間

図表5-15 ▶ 1取引日が上昇する場合の典型的なパターン
（225先物期近30分足、2019年1月15日）

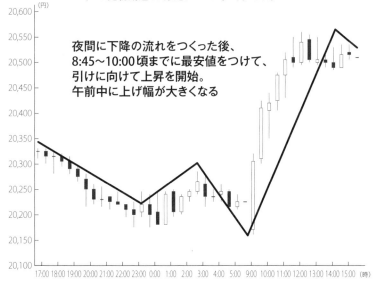

夜間に下降の流れをつくった後、
8:45〜10:00頃までに最安値をつけて、
引けに向けて上昇を開始。
午前中に上げ幅が大きくなる

に上昇で日中に高値圏で横ばいというように、どちらかが
反対方向の動きになるか、上値を抑えられる、下値を支え
られる動きになりがちです。

　上昇途中の調整場面では、夜間の下げで調整を終了して、
日中から上昇する展開もよく見られます。

SECTION 5-6

1取引日の値動きの パターン（下げのケース）

　図表5-16は、夜間の時間帯の下げ幅が大きな動きになる場合にあらわれる典型的なパターンです。

　夜間の寄り付き後、ダウ先物、CFDが下げる過程で、225先物も下降を開始します。

　その後、NYダウの発会の時間になり、NYダウが寄り付き値で下放れて始まって、寄り付き後の価格があまり上昇

図表5-16 ▶ 1取引日が下降する場合の典型的なパターン
（225先物期近30分足、2019年1月10日）

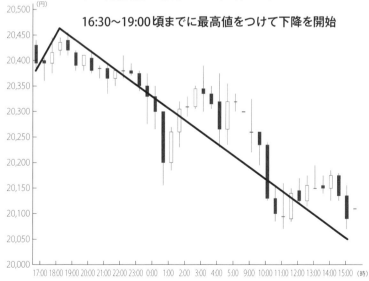

16:30～19:00頃までに最高値をつけて下降を開始

せず、すぐに下降を開始して、NYダウに合わせて、225先物も下げ幅を拡大します。

その日のNYダウが下放れて始まると推測できる場面では、225先物が寄り付き後すぐに下降を開始する展開を想定しておくことができます。

図表5-17は、下降局面でよくあらわれるパターンです。

寄り付き後、下値堅く推移した後、21時頃、または、22時から0時頃までの高値がその日の最高値となって、下降を開始します。

22時以降に高値を更新するときは、NYダウが発会した後、NYダウが上ヒゲをつける展開になって、一時的に値を戻す場面で、225先物がその晩の高値を更新して、上値

図表5-17 ≫ 下降局面での典型的な値動きのパターン
（225先物期近30分足、2019年3月8日）

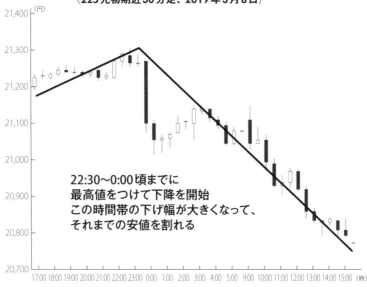

22:30〜0:00頃までに
最高値をつけて下降を開始
この時間帯の下げ幅が大きくなって、
それまでの安値を割れる

図表5-18 ▶下降局面での典型的な値動きのパターン
（225先物期近30分足、2019年2月7日）

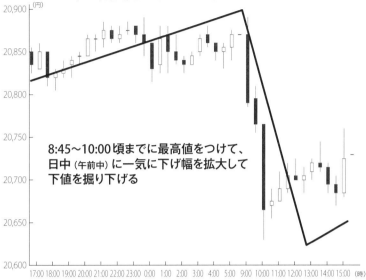

8:45〜10:00頃までに最高値をつけて、
日中（午前中）に一気に下げ幅を拡大して
下値を掘り下げる

を抑えられる動きになっています。

　図表5-18は、日中に下げ幅が大きくなるパターンです。

　日中の下げ幅が大きくなる場合、寄り付き後の早い時間帯から下降の流れをつくるケースと、10時以降に下げ幅を拡大するケースがあります。どちらの場合でも、午前中に下げられるだけ下げる展開になっています。

　日中に値幅の大きな下げ場面になる場合、日中の高値から安値の値幅の目安は、300〜500円幅になっているケースが目立ちます。

　500円幅の下げを経過する場合、寄り付き後と10時以降の両方で価格が下げている場合が多くなっています。

SECTION

5-7 ▶ 1取引日の値動きの パターン（横ばいのケース）

　図表5-19、**図表5-20**、**図表5-21**は、1取引日が横ばい に推移するケースです。

　一定のレンジでのもちあい局面へ入り、1取引日で上げ 下げを繰り返すような場面であらわれます。上昇時、下降 時の上げやすい、下げやすい時間帯で、上昇、下降を繰り 返すことでつくられます。

図表5-19 ≫ 1取引日が横ばいの日の典型的なパターン
（225先物期近30分足、2019年2月14日）

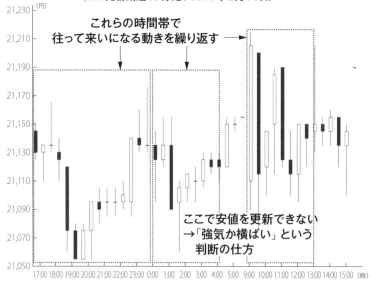

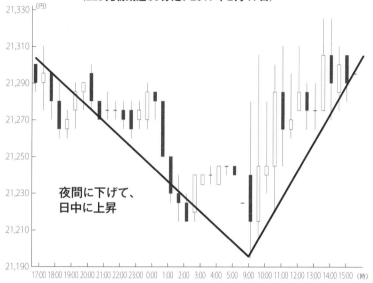

図表 5-20 ≫ 1取引日が横ばいの日の典型的なパターン
（225先物期近30分足、2019年2月19日）

夜間に下げて、
日中に上昇

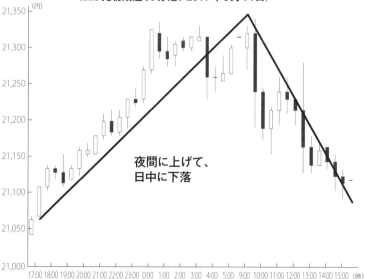

図表 5-21 ≫ 1取引日が横ばいの日の典型的なパターン
（225先物期近30分足、2019年3月14日）

夜間に上げて、
日中に下落

SECTION 5-8 ＞ 勢いの強い動き（大陽線、大陰線）が出る ８つのパターン

　本書の結論として第６章で提案する売買のやり方は、次の①、②、③となります（詳しくは第6章で解説します）。

①シナリオに則った長期の仕掛け（戦略）を基本とする

　ここで想定している長期の仕掛けは、年間の最安値、またはその付近だと推測できる場所で押し目買いを入れる、年間の最高値、またはその付近だと推測できる場所で戻り売りを入れて、なるべく年間の変動幅に近い値幅の利益を得ることを目的とした取引です。

　価格が十分に上昇してから、買いを入れたのでは、利益幅が限られるし、損切りにすべき場所もあいまいになります。

　そのため、ここで想定している長期の仕掛けを入れる場所は、下げていた価格が反発を開始する可能性のある地点で、まだ十分に押し目底になるということがわからない時点での仕掛けになります。

　このように、下げている場面で、価格が反転上昇して、上げ方向に流れができることを見越して仕掛けることを逆張りと呼びます。

　一方で、一定の流れができているとわかる値動きがあら

われている場面で、その流れに沿って仕掛けることを順張りと呼びます。

　本書での長期の仕掛けは、逆張りになります。

②長期の仕掛け（逆張り）のリスクに対応するために、必要に応じて保険のための短期の仕掛けを行なう

　逆張りは、まだその方向の流れを確認できないままの仕掛けになるので、当然、順張りよりもリスクがあって、底値、天井だと想定した場所がそうならず、何度も騙される可能性があります。現状のトレード環境では、以前よりも逆張りに対するリスクの度合いが大きくなりすぎています。長期の仕掛けが何度も損切りを繰り返してしまうリスクが高くなることが想定されるため、それに対応する方策が必要です。それが順張りとなる短期の仕掛け（戦術）を入れておくことです。

③長期の仕掛けが成立して、実際に利益の出ている状態となった場合に、保険の意味で短期的に両建ての反対売買の仕掛けを行なう

　①、②、③を行なうためには、長期・短期どちらの仕掛けであっても、値幅の大きな動きがあらわれる日をあらかじめ想定できると、その動きを基準にして仕掛けることができ、次の展開に余裕を持って備えることができます。

　大陽線、大陰線をつけるということは、陰線、陽線の実体が（目安として）500円幅に近い、または500円幅以上の振れ幅になっているということです。

　通常、500円の振れ幅は、下げやすい時間帯、上げやすい時間帯の一度の振れで到達できる値幅ではありません。一度の大きな振れは、だいたい200円幅、300円幅程度が目安になります。

　日経平均株価は、極端な値動きになる場合、午前中に500円幅の下げ場面になることがあります。その場合、寄り付き後、9時30分頃までの時間帯で200〜300円幅の下げを経過した後、いったん下げの流れが終息して、10時以降、再び新たな下げ場面へ入り、全体が500円幅の下げになっています（午前中、一定のリズムで下げ続けているように見える動きもありますが、9時以降、10時以降の2度の下げやすい時間帯を経過して、どちらも下げていることで、500円幅の動きがあらわれているという見方です）。

　日中の寄り付き後の変動幅の大きくなりやすい時間帯でも、一度の急激な動きだけで、大陽線、大陰線をつける動きになることはあまりありません（注目されている経済指標等の発表で、急上昇、急下降する場面だけ、30分もたたずに500円幅の動きになってしまうことが、たまにあります）。

　大陽線（大陰線）をつける日の値動きは、上げやすい（下げやすい）時間帯で積極的な上昇（下降）を経過して、下げやすい（上げやすい）時間帯で価格が下げず（上げず）、次の上げやすい（下げやすい）時間帯で、さらに上げ幅（下げ幅）を拡大するため、長く上昇（下降）の流れを継続する動きになります。

　そうした大陽線、大陰線があらわれる可能性がある場面は、以下の8つのパターンが挙げられます。

　大陽線、大陰線になるということは、1取引日中、長く一定方向へ動く必要があるので、日足の流れがそうした展

開へ入りやすい状況になっていることがポイントです。

◉その1　もちあい局面

　図表5-22のようなもちあい局面では、上下どちらへも行きやすい場所がはっきりしています。また、レンジ下限から上限まで、すぐに到達してしまうため、途中で反対方向への圧力が加わりにくくなります。

　そのため、もちあい局面では、1取引日の変動幅が大きくなりやすい傾向があります（たとえ大陰線、大陽線にならなくても、1取引日の高値から安値までの振れ幅が大きくなりやすい）。

　1000円幅程度か、それ以上の値幅のレンジを形成している場面では、レンジ上限、下限へ到達する場面や反転する場面で、大陽線、大陰線をつけやすくなります。

図表5-22 ≫大陽線、大陰線をつけやすい場所、その1

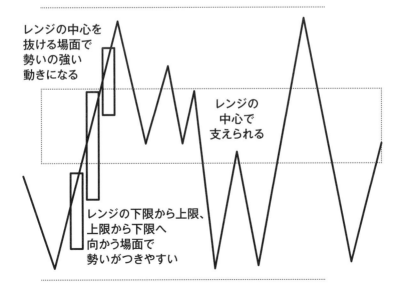

レンジの中心を
抜ける場面で
勢いの強い
動きになる

レンジの
中心で
支えられる

レンジの下限から上限、
上限から下限へ
向かう場面で
勢いがつきやすい

　また、中心地を通過するときも、振れ幅が大きくなりやすい傾向があります。

◉その2　上値、下値を切り上げるパターンとその逆のパターン

　図表5-23の上のような上値、下値を切り上げるパターンは、短期的に上昇の流れができたことを示唆します。そのため、上値、下値を切り上げるパターンをつくる場面で、以前の戻り高値を超える日は、大陽線をつける動きになりやすいといえます。

　逆に上値、下値を切り下げるパターンは、短期的に下降の流れができたことを示唆します。そのため、上値、下値を切り下げるパターンをつくる場面で、以前の押し目を割

図表5-23 ▷ 大陽線、大陰線をつけやすい場所、その2

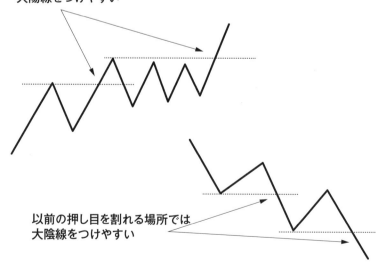

以前の高値を超える場所では
大陽線をつけやすい

以前の押し目を割れる場所では
大陰線をつけやすい

れる日は、大陰線をつける動きになりやすいといえます。

●その3　上昇、下降の最終段階

　その2と似ていますが、上昇の流れを継続している場面で、最終段階の上げ局面へ入るとき、一気に行けるところまで上昇する動きになりやすく、大陽線をつける展開が目立ちます。

　同じように、下降の流れの最終段階では、大陰線をつけていることが多くなっています。

　以前は、上ヒゲ、下ヒゲの長い線になるケースが多かったのですが、現在の取引環境では、そのまま大陽線、大陰線で引けている動きが目立ちます。

　さらに、上昇、下降の最終段階で大陽線、大陰線をつけた後、価格が反転する場面では、反対方向へ大陰線、大陽線をつける動きがあります。

　以前よりも上ヒゲ、下ヒゲにならないと書きましたが、その分、翌取引日に反動がきて、翌取引日が寄り付き後、すぐに反対方向への勢いの強い動きになることがあります。

●その4　大陽線、大陰線の翌取引日の反転

　大陽線、大陰線は、その日のうちに、行けるところまで一気に向かう動きになるため、その動きが一時的な調整や、もちあいの途中の動きに過ぎないなら、翌取引日が反転する可能性が高くなります。

　次ﾍﾟ**図表5-24**は、2022年8月17日に戻り高値をつけた場面の225先物ミニ期近日足、**図表5-25**は8月17日の日中と夜間の5分足です。

図表5-24 ▶ 2022年の８月に戻り高値をつけた場面の225先物ミニ期近日足

2022/8/17　29,225

こういう展開にならず、
日中が引けまで
上昇を継続した

図表5-25 ▶ 225先物ミニ期近の５分足、2022年８月17日の日中と夜間の動き

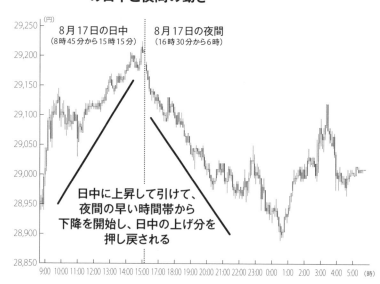

8月17日の日中
（8時45分から15時15分）

8月17日の夜間
（16時30分から6時）

日中に上昇して引けて、
夜間の早い時間帯から
下降を開始し、日中の上げ分を
押し戻される

日中は、寄り付き後、すぐに上昇を開始して、引けまで、上げの流れを継続して、日中だけで250円幅程度の上げ場面となりました。

午前中、一気に上昇して、上値を抑えられる動きになりましたが、11時過ぎに押し目をつけて、再上昇を開始した後は、緩やかに一本調子の上昇を引けまで継続しています。

夜間に入り、寄り付き値が下放れて始まって、そのまま、すぐに下げの流れをつくり、NYダウの発会前の22時頃には、日中に上げた分をすべて押し戻されています。

8月17日は、夜間取引がなければ、日中に上値を抑えられて、上ヒゲをつける展開になった可能性があります。

8月17日は大陽線というほどの上げ場面ではありませんが、このような、上昇、下降の最終段階では、戻り高値、押し目底をつける日や、その手前で、行けるだけ行ってしまう流れとなって、大陽線、大陰線をつけることがあります。

●その5　日柄と値幅の長い上昇、下降の場面

日柄と値幅の長い上昇、下降場面では、大陽線、大陰線が連続してあらわれます。

複数の大陽線、大陰線があらわれることで、その方向へ明確なトレンドができます。大陽線、大陰線があらわれて、一気に値幅を稼ぐことで、目標とする場所へ到達できる可能性が大きくなります。

一定の流れができている場合、以前のように1ヵ月以上も長くだらだらと上昇し続ける展開にはなりにくい環境へ

と変わっています。日柄が短いのですから、上昇する場面での陽線の出現数、下降する場面での陰線の出現数は限られてきます。

このことは、つまり、上昇局面では、陽線引けした日の上昇幅、下降局面では、陰線引けした日の下降幅の大きさが、その流れの目指すべき場所の目安になるということです。

上昇の流れができていて、3取引日連続して陽線があらわれているにもかかわらず、全体の上げ幅が小さいなら、上げ余地が限られるか、まだ積極的な上げ場面へ入っていない（いったん値幅の大きな調整が待っている）という可能性を考えておく必要が出てきます。

●その6　小陽線、小陰線が連続した後

一気に上げ幅を拡大した後、小陽線が連続して、徐々に上昇するケースがあります（**図表5-26**）。

このような動きは、小陽線が出現した地点から上値の重い状況に入っているので、反転下降するとき、数日の小陽線で上昇した分を1取引日で一気に下げる動きになります（ただし、この大陰線は、その日に目先の下げ余地を一気に吸収する動きになるので、翌取引日が下値堅く推移することが多くなっています）。

下げ方向でも同様です。急な下げが緩やかな下げに変化した後、価格が反転上昇する場面では、緩やかな下げ分のすべてを、1取引日で戻す動きがあらわれることが多くなっています。

●その7　勢いの強い動きの途中の数日の調整場面の後

図表5-26 ▶ 大陽線、大陰線をつけやすい場所、その6

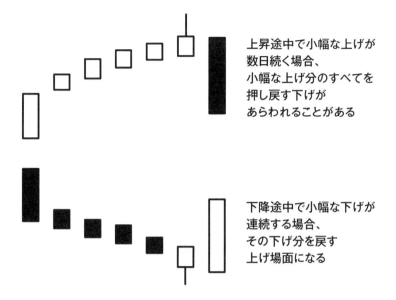

上昇途中で小幅な上げが
数日続く場合、
小幅な上げ分のすべてを
押し戻す下げが
あらわれることがある

下降途中で小幅な下げが
連続する場合、
その下げ分を戻す
上げ場面になる

　上昇途中で数日の調整場面になる場合があります。この
ときの調整期間の目安は、3〜5取引日です。

　勢いの強い上昇途中の調整なら、5取引日以内に高値を
更新する動きがあらわれる傾向があります。

　反転後、3取引日で、下げ、上げ、下げとなって、上値、
下値を切り下げて弱気の流れを示した後、再上昇を開始す
る場面では、弱気の流れを払拭するため、一気に戻り高値
を超える上げ場面があらわれ、大陽線が出やすくなります
（次ジ**図表5-27**）。

　なお、5取引日目までに、戻り高値を超える上げがあら
われなければ、その高値が強い抵抗になって、勢いの強い
上昇が終焉している可能性が大きくなります。

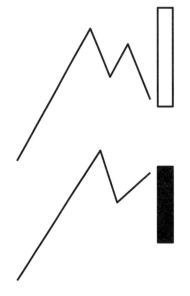

図表5-27 ▶ 大陽線、大陰線をつけやすい場所、その7

上昇途中の調整場面で、
日柄が3〜5取引日程度かかっている
上値、下値を切り下げて、
弱気の流れができた場合、
弱気サインが出た翌取引日、
弱さを払拭する上げ場面となって
調整前の高値を一気に突破する

下降開始の初期場面で、
上値、下値を切り下げる
弱気の流れを作る場面で、
一気に下げ幅を拡大して、
大陰線をつける

　下降途中で数日の調整場面になる場合は、上記と逆の動きとなります。

◉その8　V字底、逆V字天井

　底値、戻り高値をつける場面では、V字底、逆V字天井と呼ばれる値動きがあらわれることがあります。

　一気に下げられる場所まで下げて、すぐに値を戻すパターン、一気に上げられる場所まで上げ切って、すぐに下降を開始するパターンです。

　天井、底値をつける場面では、急激な上昇、下降の動きとなるので、戻り高値前後、底値前後の足型が大陽線、大陰線をつけるか、または、日経平均株価などの指数の場合

図表5-28 ≫ NY ダウ日足 2022年6月の戻り高値をつける場面

（ドル）

2022/6/1
33,272

6/9

33,000

32,509
6/2

32,000

31,000

30,000

5/16　　23　　31　6/6　　13　　21　　27　　7/5
（月/日）

（先物はギャップを開ける展開になりにくい）、大きなギャップを開ける動きになります。

　図表5-28は、2022年の6月に戻り高値をつけた場面でのNYダウ日足です。

　これを見ると、6月1日に戻り高値をつけた後、すぐに下げず、翌6月2日の安値3万2509ドルが押し目になって、横ばいに推移しています。

　価格が戻り高値を更新できずに5営業日を経過し、6営業日目となる6月9日、下降を開始して、3万2509ドルを割れて、一気に下げ幅を拡大して、大陰線をつけています。

　逆V字天井とは言えませんが、下降の初期段階で弱気を確認する過程で、大陰線をつけています。

図表5-29 ▶ NYダウ日足、2022年10月の押し目場面

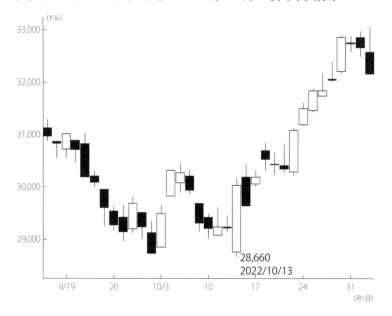

図表5-29は、2022年10月に押し目底をつけた場面での NYダウ日足です。

こちらはV字底というわけではありませんが、押し目底をつけた日の最初の上げ場面で大陽線をつけています。

このように、戻り高値、押し目をつけた後の早い段階での下降、上昇場面では、大陰線、大陽線をつけやすい傾向があります。

225先物で実際に大陽線、大陰線があらわれている場面

SECTION
5-9

　2022年は、1月5日に戻り高値をつけた後、下降を開始しています。

　下げの流れが3月まで続き、3月9日に押し目をつけて反発を開始した後、2万6000円から2万8000円程度の値位置を上下する動きへ入っています。年初からの動きのなかで、大陽線、大陰線があらわれている場面についてチャートを見ながら解説してみます。

　次ジ**図表5-30**を見ると、1月5日に戻り高値をつけた翌取引日となる1月6日に大陰線をつけています。

　1月6日の最初の下げの後、いったんもちあいの動きへ入ります。

　そして、1月19日にもちあいを抜ける場面で、大陰線をつけています。

　1月27日に押し目をつける場面でも、下げ幅が拡大して、大陰線をつけています。

　1月6日から27日までの下げ期間、ジグザグと長く下げていますが、よく見ると、安値を更新して下げ幅を拡大する場面では、大陰線をつけていて、1取引日で一気に下げて、もみあい入りという動きを繰り返していることがわかります。

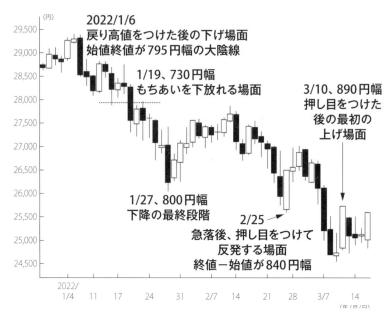

図表 5-30 ▶ **225先物ミニ期近日足**（2022年1月から2月の下げ場面）

2022/1/6
戻り高値をつけた後の下げ場面
始値終値が795円幅の大陰線

1/19、730円幅
もちあいを下放れる場面

3/10、890円幅
押し目をつけた
後の最初の
上げ場面

1/27、800円幅
下降の最終段階

2/25
急落後、押し目をつけて
反発する場面
終値－始値が840円幅

　2月25日、3月10日の反発の初期段階では、大陽線をつけています。

　また、**図表5-31**の3月の急上昇場面では、陽線が連続してあらわれています。この間、大陽線が2本出現して、上げ幅拡大に貢献しています。

　一方、**図表5-32**の7月、8月の上昇、下降時にも、価格が一段高となる場面、一段安となる場面で、大陽線、大陰線があらわれています。

　現在の相場環境では、以前よりも値動きが急激になっていますが、1年間の全体の変動幅が大きく変わっているわけではありません。

図表5-31 ▶ 225先物ミニ期近日足 （2022年3月から5月の上げ場面）

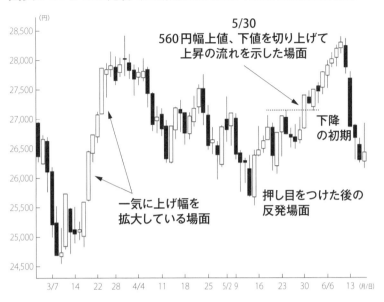

5/30
560円幅上値、下値を切り上げて
上昇の流れを示した場面

下降の初期

一気に上げ幅を
拡大している場面

押し目をつけた後の
反発場面

図表5-32 ▶ 225先物ミニ期近日足 （2022年6月から8月の上げ場面）

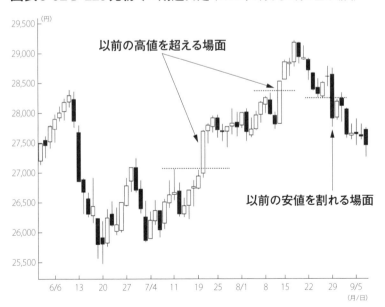

以前の高値を超える場面

以前の安値を割れる場面

急になっているのは、1取引日の値幅です。

値動きが激しくなって、リスクが拡大しているように感じるかもしれませんが、一気に動いている分だけ、値動きが読みやすくなっているともいえます。

たとえば、長く下げの流れをつくる場合、1本の大陰線で一気に下げて、その後、もちあいの動きになるのであれば、もちあい期間へ入るか否かの判断は簡単です。大陰線をつけた後、動きにくくなっていれば、数日もちあう可能性があると見ておけばいいだけです。

そうした点からいえば、現在は、細かな動きにとらわれ過ぎると、予測がむずかしくなります。

急な動きになっているのは、一定の流れができる際、そうならざるを得ない理由があると考えてしまえば、大陽線、大陰線の出現の可能性、出現後の動きから、以前よりも先読みがしやすくなっていると考えることもできます。

SECTION 5-10
一定の流れができているときの先物チャートの陰線、陽線のあらわれ方

　図表5-33は、前出の図をまとめた2022年1月から8月までの225先物ミニ期近日足です。

　1月から3月までの下げ局面は、下げるときに陰線が連続しています。

　そして、下降途中の値幅をともなった反発場面へ入るとき、陽線が連続していることがわかります。

図表5-33 ▷ 225先物ミニ期近日足（2022年1月から8月の動き）

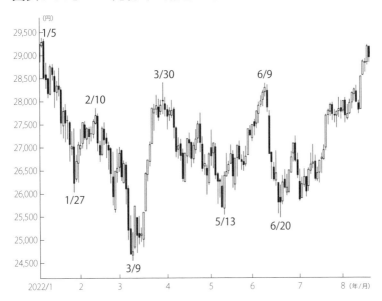

　3月の上昇場面、あるいは、5月から6月にかけて、6月から8月にかけての上昇場面では、ほとんどが陽線をつけていて、一時的な調整場面で、1〜2本の陰線があらわれているだけです。

　このように、一定の流れができている場面で、陰線と陽線の出現の仕方がはっきりと分かれています。

　その理由の1つには、取引時間が長いということが考えられます

　日経平均株価指数のチャートでは、上昇場面で、寄り付き値が上放れて始まった後、寄り付きで開けたギャップを埋める作業を経過して、その日が結果として、陰線で引けたというケースがよくあります。

　前日終値比では、価格が上昇しているのに、その日の価格が下げて、陰線で引けているわけです。

　一方、225先物は、寄り付き値で上放れる分の上げを夜間取引で経過しているので、日中の価格が下げても、結果として陽線引けする展開になります。

　日経平均株価指数のチャートだけを見ていると、寄り付き値が上放れて始まった後、すぐに下降を開始すると、その日が転換点になることを考えたくなります。

　しかし、225先物のチャートでは、夜間に上げた分を押し戻されているだけだということが1取引日の動きを追っているだけでわかります。

　一定の流れができている場合、多少の調整が入るとしても、夜間か日中のどちらかに反対方向へ動くことで、調整が終わってしまうケースが見られます。

　小さな調整があっても、1取引日のなかで吸収されて、上昇場面なら陽線、下降場面なら陰線としてあらわれるため、一定の流れができているときは、陽線、陰線が連続してあらわれて、その方向の流れができていることがわかります。

　言い換えれば、陰線と陽線が交互にあらわれている場面では、もちあいの動きへ入っている可能性を考えおくことができます。

　この点を頭に入れて、その日の値動きを考えてください。

　陰線引けする場合、陽線引けする場合、下げやすい、上げやすい時間帯に価格が大きく動きます。

　現在が一定の流れをつくっているなら、「陽線、陰線が連続する可能性がある」と見ておけば、どこで動き出すかを推測することができます。

　陽線が連続すると見ていたとしても、下げやすい時間帯に大きく下げる動きがあらわれるなら、陽線、陰線が交互にあらわれる展開を想定しておく必要が出てきます。

　そうなると、もちあい入りしている可能性を頭に入れておけます。

　このように先物のチャートでは、一定の流れができている場面では、陽線、陰線が連続してあらわれて、その方向を示します。

　そして、前に書いたとおり、大陰線や大陽線が出現して、一定方向の値幅をかせぎ、日柄と値幅の長い流れをつくっています。

　陽線、陰線が連続する動き、陽線、陰線の値幅を見れば、方向や目標がおおまかに見えてくるわけです。

　話を大陰線、大陽線に戻します。図表5-33で、1月から3月の下げ場面を見てください。

　1月の下げ場面、2月〜3月の下げ場面のどちらを見ても、下値を掘り下げる動きは、大陰線によってつくられていることがわかります。

　数日のチャートをまとめてみると、長くジグザグに推移して、ゆっくりと下げているように見えますが、実際は、下値を掘り下げる1本、または複数の大陰線の出現によって、下げ幅のほとんどをつくっています。

　「大陰線（大陽線）→もちあい→大陰線（大陽線）」で下値掘り下げ（上値を切り上げ）ているわけです。

　6月から8月までの上昇場面でも、下げ場面と同じように大陽線の出現で上げ幅を拡大していることがわかります。

　この動きは、高速取引が頻繁になり、上昇、下降の速度が極端になってきていることで、いままで以上に強くあらわれやすくなっている特徴だと考えられます。

　一定の流れができるときは陽線、陰線が連続する、もちあいから上昇、下降へ向かうときに大陽線、大陰線があらわれやすい。

　このことがわかっていれば、一定の流れができているか、あるいは、一定の流れができるかを推測することは簡単です。

　3月の上昇場面では、大陽線が連続してあらわれて、一気に上値の目安へ到達する展開となっています。

　上昇、下降途中で、大陽線、大陰線が連続する場合、短い期間で、いけるところまで、一気に上昇、下降してしまうと見ておくことができます。

　3月16日〜23日までは、5取引日、陽線が連続して、3025円の上げ幅となっています。

　6月3日〜9日も5取引日連続して陽線があらわれていますが、上げ幅は、985円幅にしかなっていません。

　どちらも陽線が連続した後、戻り高値をつける展開になっています。

　値幅の大小にかかわらず、流れができると、一気に向かうという性質は変わりません。日ごとの陽線（陰線）の値幅を見ると、上値（下値）の限界を推測することができます。

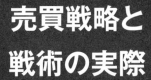

CHAPTER

6

売買戦略と
戦術の実際

SECTION
6-1

売買戦略の
考え方

　現時点で最も有効だと考えられる売買戦略は、1年間の方向を想定して、年間の変動幅の大部分を取りに行くやり方です。

　これは、以前に『株は1年に2回だけ売買する人がいちばん儲かる』で書いたやり方と変わりません。

　さんざん、過去と現在の相場環境の違いを書いてきて、結論が変わらないというのはおかしいと思うかもしれません。

　投資で利益を得るには、必ずわかる未来が必要です。インサイダーに引っかからないで、わかる未来があるとするなら、それは、いまの社会の仕組みにしたがうことであらわれる、そうならざるを得ない現象だけです。

　人が社会生活を円滑に行なうため、自分の行動を制限し、そのうえで、自分が目的を達成するため、積極的に行動を起こすからこそ、人のやることだからこそ、制約のなかで目的を目指すからこそ、未来は予測できるのです。

　それを前提にすることだけが、投資で利益を得るための唯一の方法になります。

　金融、財政政策によって、市場へ入るお金の量がコントロールされているのですから、当然、投資市場は、仕向け

られたお金の流れがつくり出す方向に沿った動きになります。

　「賭け事」とあえて書いてしまいますが、賭け事に強い人は、対象になるものの本質を見抜き、自分の結論に迷いなく従うことができる、心の強さを持ち続けられる人です。

　私の結論は、ドルが基軸通貨となっている現在の金融市場の仕組みが変わらない限り、現在のお金の流れによってつくられる投機的な市場の価格変化のパターンが普遍であるということです。それを信じるしか、少額の投資家が利益を得られる方法はないと考えています。

　とはいえ、現在の相場環境では、ただお金の流れを追って、それを信じてお金を投じていただけでは、圧倒的な資金によって、貧乏人はつぶされてしまいます。

　貧乏人は、ポーカーの勝負でフルハウスが手持ちのカードであっても、大金持ちが（たとえ「2」のワンペアであったとしても）レイズしてきたら、降りるしかなくなります。相手の金持ちは、実際にすごいカードかもしれないし、周りを抱き込んで、いかさまをしているかもしれません。貧乏人は、払えないお金を投じて、見えない未来に賭けることなどできないのです。

　過去の市場は、同じ条件のなか、お互いに想像を膨らませながら、せめぎあっていました。

　いまは違います。戦ってなどいません。個人投資家が、一方的に自分の手の内をさらして、高速取引によってむしりとられているだけです。

　100円で買って、80円にストップ・ロスを入れておいたら、80円まで下げてから、急にとんでもない上昇場面となって、一気に200円まで上がってしまったとします。

　多くの方は、79円にストップ・ロスを設定しておけばよかったと思うかもしれませんが、実は同じことです。

　79円にそういう仕掛けが入っていれば、それを取ってから反転するだけです。

　もうせめぎあいなどないのです。そこには、一方的な搾取があるだけです。

　だから、ゆとりを残しておき、そのうち反転するまで待つというやり方は、もう通用しません。

　実際の市場の状況の詳細はわかりませんが、想定できる範囲での最悪の状況を前提として、各々が戦略を組み立てておかなければ、いい結果など得られません。

　戦闘力が最弱なのに、自分の考えているとおりになど、なるわけがないのです。

　少額の投資家は、しっかりと戦略を練って、それを戦術と組み合わせて、淡々と実行することが大切になってきました。

　「俺の仕掛けが狙われている」とか、そんなことを考えても意味がありません。

　なんの感情も持たず、こうなったら次はこうする、反対にこうなったらこうすると考えていくだけです。ああしておけばよかったという反省は無駄です。なぜなら、ああしておいても、同じ結果にしかならないからです。

　常に、先の準備をして、信じて、実行し続ける人だけが

利益を得ることができます。

　建玉に損が出て、その損失が大きくなり過ぎると、損失を少なくしてから手じまいするにはどうすればいいかとかを考えがちです。
　気にしなければいけないことは、損失を減らすことではありません。買いを手じまいした後に、価格が上昇する展開になりたくないという気持ちでもありません。
　シナリオと戦術に間違いがなければ、次からそれにしたがえば、利益が積み上がっていくのですから、次の仕掛けにその建玉を使えるかどうかを考えればいいだけです。
　感情に流されたミスは誰でもあります。
　大切なことは、冷静になって頭を切り替えた後、しっかりと利益を積み上げられる戦略を用意してあるということです。

　弱者が勝負に勝つには、

- 自分のやり方に信念をもって右往左往せずに投資を進める
- 間違ったとわかればすぐに改める
- 改めるのがむずかしいのであれば、あらかじめ間違いもあることを前提としたシステムを自分のやり方に組み入れておく

という考え方が必要なのです。
　投資において信念を持って実行するということは非常に

大切です。しかし、それだけでは、想定外の展開に無防備になりやすいことも事実です。

　しかも現在の投資環境では、想定外の変動が意図的につくられて、少額の投資家を不安にさせているので、自分の考えの間違いをカバーできる保険を掛けておくことは必須だといえます。

長く持つ建玉と短期
（日ばかりも含める）の
仕掛けの2本立て

　前置きが長くなりましたが、やり方は、単純です。

　まず、1年間のシナリオを作成します。シナリオは、時間の経過とともに絞られていくので、修正していきます。

　そして、年間の最安値をつける可能性のある場所で買いを入れる（あるいは年間の最高値をつける可能性のある場所で売りを入れる）ことによって、年間の変動幅の大部分を取りに行くという作業が基本になります。これが戦略です。

①長い期間の建玉は、目標となる値位置への到達まで持玉を維持します。想定している期間は、1～3か月程度です。長い期間の仕掛けは、展開次第によって、年に2～4回の取引を想定しておきます。

②長期の仕掛けは前章でも書いたとおり、逆張りで入りますから、逆張りのリスクを回避するため、長期の仕掛けの前に、順張りで、短期の仕掛けを入れておきます。これについてはセクション6-6で詳しく解説します。

③長期の仕掛けが成立して、実際に利益の出ている状態となったら、その後、短期的に両建てで反対売買の仕掛け

を考えます。

　③の短期の仕掛けは、長期の仕掛けの利益確定と、予想
どおりの展開にならない場合の保険のようなものです。
　予想どおりの展開にならない場合、長期の仕掛けの利益
が消滅しますが、その分、短期の仕掛けに利益が移り、そ
の後、再度押し目底、戻り高値をつけて、長期の仕掛けを
入れる際のリスクを軽減します。

　わかりやすくするため、都合のいい売買ポイントが出て
いるチャートで説明します。
　図表6-1は、225先物ミニ期近日足です。
　2021年が上昇する年だと考えたとします。

図表6-1 ▶ 225先物ミニ期近日足（2021年1月から5月の動き）

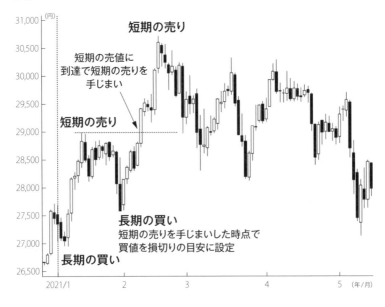

そして、1月の月初の押し目場面で買いを入れたとします。1月の安値が2万7000円付近なので、年間の変動幅をとる取引なら、3万2000円、3万3000円程度が目標値で、投資期間は4月頃までが目安になります。

　年間の変動幅のすべてを4月頃までの期間に到達してしまう展開を、最初から想定できるわけではないので、当面の目標値は、3万円程度を目安に考えておきます。

　1月中旬に上値を抑えられた場面では、すでに1500円幅程度か、それ以上の利益が出ているので、買玉の利益を確保するための売りを入れます。

　この売りは、調整を終了して、売値を超える場面で手じまいする予定です。

　その際、買玉は、買値を損切りのポイントとして維持します。

　強気を継続中なら、買値まで下げずに押し目をつけて上昇を開始すると考えられます。

　1月下旬に押し目をつけた場面では、その後の価格が上昇するという見方に変更がなければ、新規の買いを入れるか、または十分に利の乗っている売玉の利食いの手じまいを考えます。

　1月下旬に押し目をつけて上昇を開始した後、売値まで上昇したら、売玉を必ず手じまいします。

　このチャートは、2月以降に上昇していますが、そのまま下げ続けて、上昇シナリオが間違いとなった場合、買玉が損になるので、売玉はその分を補填する保険となります。

長く持つ建玉と短期（日ばかりも含める）の仕掛けの2本立て

　先ほど、十分な利益が出ているので、売玉の手じまいを考えると書きましたが、その場合、シナリオのとおりにならなかったとき、買玉の出ていた利益がなくなります。

　今回は、予想のとおりに上昇しているので、1月下旬以降の上昇場面では、やり方次第で、買い増しを入れた仕掛けも利益になった状態となります。

　2月に戻り高値をつける場面で、再度短期の売りを仕掛けます。
　結果として、2月の売りの仕掛けは、売値を超えずに推移したため、売玉を長く維持することになります。
　この売りは、次の押し目買いのとき、仕掛けを入れやすくする効果があります。

具体的な長期の
売買の仕掛け方

　さて、前項でサラリと書いた長期の仕掛けのやり方について、もう少し詳しく解説していきます。

　長い期間の上昇、下降の始点になる可能性のある場所は、想定した日時でぴたりと反転して、シナリオのどおりの展開になるなんてことはほとんどありません。

　長い期間の流れが転換する場面では、だましとなるような反転の動きが何度もあらわれます。

　相場は、一定の流れができていれば、その方向へ仕掛けている人が利益を出し続けることができるのですから、目安へ到達したから、すぐ反転しようという動きにはなりません。

　そのため、それまでの流れに逆らって転換点を狙う、押し目買い、戻り売りの取引など、逆張りと呼ばれている取引は、何度も騙されて、何度も仕掛けなくてはいけないことがほとんどです。

　それでも、いままでなら、長く相場にかかわっていれば、反転する場所がおおまかに見極められる可能性がありましたが、もうそうはいきません。

　AIがその取引で利益を出し尽くすまで、反転すると考

えて仕掛ける我々が力尽きるまで、それまでの流れが終わらない可能性があります。

　ですから、最初はそれまでの流れに逆らわず、トレンドに沿って仕掛けます。すなわち、下げ相場が押し目底をつけると想定できる場所の前に（短期の）売りを入れる、あるいは上げ相場が戻り高値をつけると想定できる場所の前に（短期の）買いを入れます（このやり方についてはセクション6-6で解説します）。

　図表6-2は、2021年1月の年初で、先ほど長期の買いと書いた場所です。

　225先物ミニ期近の2021年の年明け後、1月5日（1月4日の16時30分から1月5日の15時15分）から1月7日（1月6日の16時30

図表6-2 ≫ 225先物ミニ期近の15分足
（2021年1月4日の16時30分〜1月7日の15時15分）

分から1月7日の15時15分）の動きになります。

　すでに推移がわかっているチャートなので、ここでも、都合のいい結果だけを書きます。

　196ページの図表6-1を見てもらえばわかりますが、前年末12月30日に上値を抑えられた後、4取引日連続して陰線引けしています。

　この下げは、3営業日以上価格が下げているので、それまでの上昇の流れが変化していることも考えられますが、下降している振れ幅が小さいことから、まだ上昇の途中の動きである可能性を残している状況です。

　大勢が強気と考えて、押し目を入れるなら、5取引日目（第5章の大陽線をつけるパターンを参照）となる7日（6日夜間）は、価格が上昇して、12月30日の高値を一気に超える動きになる必要のある日です。

　寄り付き後の早い時間帯で、7日の最安値をつけて、上昇を開始すると見ることができます。

　何度も書きますが、7日は、強気の可能性を残す最終日であり、戻り高値を目指す動きにならなければいけない日という条件があるからこそ、寄り付き後の上昇に注目することができます。

　値動きのパターンを理解していれば、下がる（上がる）必要のある日、大きく下がる（大きく上がる）必要のある日という場面があります。こうした値動きのパターンについては、本書に書いたパターンのほか、『ローソク足チャート　究極の読み方・使い方』も参照していただけると、より深くわかると思います。

　そうならなければいけない日は、そうなる場合の展開が

絞られて、そして、そうならなかった場合、反対方向の流れができたと判断することができ、早い段階でシナリオが絞られます。したがって、「そうならなければいけない日」は、売買を判断するうえでの重要なポイントになります。

15分足のチャートを見ると、寄り付き後、すぐに（15分足4本目）押し目をつけて、上昇を開始しています。

7日（6日の夜間）の買いは、長期の仕掛けを想定していますが、トレンドに沿った動きなので、順張りになります。そのため、ここでは短期の仕掛けをせず、そのまま買いを入れればOKです。

寄り付き後、すぐに押し目をつけた後、積極的な上昇があらわれた時点で、損切りのポイントをそれまでの安値ではなく、買値に変更しておきます。

強気の見方が正しければ、7日の日中の引けまでに、前年12月30日の高値に接近するか、突破する動きがあらわれるはずなので、そうならなければ、損切りの目安に到達しなくても、手じまいしてしまえば、損になりません。

その際に、「もしかして上がるかも」という期待など、一切持つべきではありません。

図表6-3は、同じく、225先物ミニ期近日足です。

1月末からの上昇の後、2月16日に戻り高値をつけた場面です。

2021年の年間の上値目標値を3万2000円、3万3000円と

売買戦略と戦術の実際

図表6-3 ▶ 225先物ミニ期近日足
（2021年2月に戻り高値をつけた後の下げ場面）

見ていると紹介しました。この時点では、あわよくば、3万5000円まで上げるのではないかという考えもありました。

　3万2000以上に上げるなら、2月16日につけた戻り高値3万710円は、まだ上げ足りていない地点です。

　まして、3月から4月にかけて、日経平均株価の上げやすい時期に入るのですから、上昇への期待が残されている状況です。

　当然、長期の仕掛けは押し目買いを考えることになります。

　長く下げた後の押し目買いは、逆張りになりますから、

まずは、下げの流れの確認できる地点で順張りになる（短期の）売りを考えます。

　3月5日までの下げ過程を見ると、何か所かの売りのポイントが考えられますが、ここでは、最初に弱気を確認できた地点の後の売りポイントとなる2月26日を見ていきます。

　図表6-4は、2月18日〜26日までの225先物ミニ期近の30分足です。

　図表6-3の日足では、2月16日に戻り高値をつけた後、3取引日連続して陰線引けして、2月19日に押し目をつけています。

　この時点では、まだ勢いの強い上昇の流れを継続中の可

図表6-4 ▶ 225先物ミニ期近の30分足 （2月18日〜2月26日）

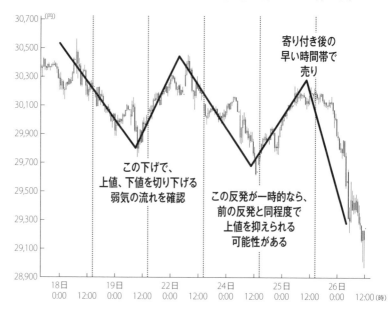

能性を残していますが、翌取引日となる2月22日に戻り高値をつけて、2月24日に2月19日の安値2万9740円を割れた時点で、上値、下値を切り下げる動きと、（5取引日目に高値を更新できていない）日柄から、弱気の流れができていることがわかります。

25日は価格が上昇しましたが、上げ幅が2月19日〜22日までと似た値幅となっています。

弱気の見方が正しければ、26日（25日の夜間取引）では、早い時間帯から下降を開始すると見ることができます。

ジグザグの上値、下値を切り下げる動きの後、弱気を確認したばかりの下げ場面なので、下げ幅が大きくなる可能性を考えておくことができます。

2月26日（2月25日の夜間）の寄り付き後は、早い時間帯で売りを入れてもいい場面だといえます。

この売りは、順張りの売りで、その後の一段安後に（長期の）押し目買いをするための準備の仕掛けとなります。

3月5日前後の逆張りの押し目買いは、長い期間のチャートを見て、値位置の目安をつけて判断します。

日足チャートで、このあたりと書いている場所になります。

押し目買いは、何度も仕掛けるか、結果がわかるまで両建てのまま持っているかのどちらかが考えられます。

そのときの状況によって、工夫が必要になります。

このように、底値で買いたい場合、底値をつける場所まで待って買いを入れるのではなく、底値を模索する下げ場面で、事前に（短期の）売りを入れておくわけです。

　底値をつける前の下げ場面では、長く弱気の流れを継続してきた相場のため、その日1取引日が下降の流れをつくる日は、弱気優勢となって、典型的な弱気パターンの日の展開になりやすいといえます。

　弱気パターンの日には、下げるべき時間帯で価格が積極的な下げ場面になるはずなので、その前に売りを入れておき、想定のとおりに価格が下降を開始したら、持玉を維持して、底値をつける可能性のある条件が整うまで値動きを見極めて、条件が整った時点で（長期の）買いを入れます。

　このときに、第5章で紹介した、大陽線、大陰線をつけるパターンが参考になります。

　下降の最終段階では、勢いの強い下げ場面があらわれて、一気に下値の限界を確認する作業になることがあります。

　そのような下げを経過した後、押し目底をつけた後の最初の上げは、1取引日の値幅が大きくなって、大陽線をつける可能性があります（第5章の大陽線をつけるパターンを参照）。

　また、積極的な下げの流れにならず、小幅に下値を掘り下げて、押し目底をつけるパターンもあります。そのような場面でも、底値をつけた後の最初の上げは、大陽線になりやすい傾向があります。

　大陽線をつける日は、典型的な強気パターンの日の展開になるので、押し目買いがすんなりと利益へと結びつく可能性が高く、仕掛けのリスクが低い日です。

　したがって、長期の仕掛けでの押し目買いは、大陽線をつける展開を想定して、上げ幅の大きくなりやすい時間帯

の前に仕掛けておくのがベストです。

そして、上昇しやすい時間帯に価格が積極的に上げなければ、手じまいして、次のチャンスを待てばいいわけです。

その間、価格が下げるなら、最初に仕掛けたトレンドに沿った売りの利幅が大きくなります。

一方、想定したとおりの展開になる場合、長期の仕掛けで利益が出るなかで、短期の仕掛けの利益が削られていきます。

そのポジションをどうするかについての最終判断は、場面ごとの個々の考え方になります。絶対にしてはいけない順番は、長期の仕掛けが明確に底値をつけたと推測できる自分なりの条件を満たす前に、短期の仕掛けの利益を求めて、短期の仕掛けを手じまいすることです。

短期の仕掛けの手じまいは、特定の場所が底値だと、心のなかで決定できる判断材料がなくてはいけません。

そのような場所もなく、先に入れた、トレンドに沿った短期の売りを手じまいすると、価格が急激に反転して、それまでのトレンドに沿って、価格が一気に下げ幅を拡大する場面で、買玉を手じまいする決断ができずに、結果として、大きな損を出してしまいます。

一方で、短期の仕掛けは、損になる場所まで持ち続けると、短期の仕掛けを手じまいするきっかけを失い、結果として、長期の仕掛けの利益が相殺されて、得られなくなってしまいます。

長期の仕掛けをする前に、トレンドに沿った短期の仕掛

けを入れるというこのやり方ならば、長期の仕掛けを入れた後、想定どおりの展開にならず、結果として、両建てをしたまま下げ幅が拡大してしまっても、売りと買いを同時に手じまいすれば、損が出ず、多少の利益が残り、次の取引へと向かうことができます。

　長期と短期はセットなので、短期の仕掛けをどこで手じまいするのかが重要です。

　短期の仕掛けを手じまいすると、長期の仕掛けの手じまいの場所を考えなければいけなくなります。その際のやり方としては、値動きのパターンを十分に把握できていないあいだは、売値、買値に逆指値を入れておくのが無難です。

　値動きを長く見てきている方の場合、状況に合わせて、長期の仕掛けの手じまいの場所を変えていきますが、その際、基準になる手じまいのポイントは、買値、売値とするか、底値、戻り高値と見ている場所になります。

　話は変わりますが、片建てとなる最初の仕掛けをする際、手じまいの場所は、時間の経過が重要になります。

　下げやすい時間帯の前に売りを入れるのですから、下げやすい時間を経過するあいだ、売値よりも上げてしまっても、すぐに反転して、下降を開始する可能性を考えておくことになります。

　値動きの傾向が十分に把握できていれば、値段ではなく、時間の経過を手じまいの目安としたほうが良い結果につながりやすいといえます。

　ただ、値動きを十分に理解できていないあいだは、反対

方向への大きな動きに対応できないので、逆指値を入れて
おき、何度か仕掛け直すようにします。そのとき、何度で
も損が出続けてしまうことがあるので、一度損になったら、
次に仕掛けるまで、10分から30分程度の時間をおいたほ
うが、考えが間違っているのに深追いするリスクを避けら
れます。

SECTION 6-4 長期の仕掛けが成立した後に短期の反対売買を仕掛ける場所

　さて、短期の仕掛けを手じまいした時点で、そもそも狙っていた長期の仕掛けが成立したと判断し、次の段階に移ります。

　長期の仕掛けが成立した後に備えるべきことは、急激に反転して、一気に買値まで下げてしまう、あるいは売値まで上げてしまう動きに対応していくことです。

　この取引は、長期の仕掛けで大きく利益を得るための戦略なので、長期の仕掛けで利益を得られないと、利益を得られないだけでなく、それまでの仕掛けで出た損を回収できなくなります。

　長期の仕掛けが成立した後は、最低限、それまでの損失分の穴埋めと、次の仕掛けへのゆとり資金が確保できる程度の利益を出しておくことが重要になります。

　そもそも長期の仕掛けで利益を得るために戦略を組み立てるのですから、長期の仕掛けで利益を生まないなら、取引を繰り返すごとに損失が積み上がるだけで終わってしまうことになります。

　したがって、長期の仕掛けで一定幅の利益が出た後は、その利益を確定させるための反対売買の短期の仕掛けを入

れることを考えます。

　この短期の仕掛けは、掛け捨ての保険のようなものです。1取引日で500円幅、1000円幅の動きがある日が頻繁にあらわれている状況を考慮して、一定の幅の利益が出た場合、その利益を守るために保険をかけるのです。

　ではどこで保険をかけるのか。

　それは、たとえば長期の買いが成立している場面で、大陰線をつける可能性がある日に、下げ方向へ大きく動く時間帯の前に売りを入れておきます。この仕掛けは、積極的な下げがあらわれなければ手じまいします。

　積極的な下げがあらわれた場合、売値を損切りの目安として持玉を維持します。

　下げ幅の大きな動きがあらわれて、売玉が残り、両建ての状態となった場合、売値を逆指値の値位置としておきますが、その際、買玉と合わせての戦略は、「売玉の損切りのポイントを売値として、買玉に逆指値を入れず、再反発して売値以上へ値が上昇するまで待つ」というやり方です。

　価格が想定外に大幅な下げとなった後、その後の価格が上昇を開始するなら、次のようなやり方で、下げ幅の拡大分を利益にすることができます。

　まず、底値だと推測できる場所まで下げた場合、その地点で売玉を手じまいします。買玉は、売りを手じまいする前に底値だと判断した地点を逆指値のポイントとして入れておきます。

　逆指値に引っかかると、両建てで確保していた利益が若干削られますが、大部分を残すことができます。

うまく価格が上昇を開始するなら、想定外の下げ分で得られた利益が上乗せされて、新たな上昇分を利益にすることができます。

保険となる短期の仕掛けを入れる場所は、下げが勢いづく可能性のある場所、大陰線をつける可能性のある日になります。

ただ、この仕掛けは、長期の仕掛けが順張りとなっている状況で、上昇途中の反対売買、逆張りの売りになるので、すんなりと価格が下げず、売りを入れた後、すぐに上昇してしまうケースが多くなってしまいます。

ですから、十分に利益の得られている地点での判断になります。

具体的には、225先物で、500円幅前後、1000円幅前後の利益を得られている場所が目安になります（1取引日の値動きのパターンが頭に入っていて、どんな場面でも、先の展開に対するシナリオが推測できるようになれば、保険をかける値幅を短くしたほうが良い結果に結びつきます。保険のつもりの短期の仕掛けで利益が出せるようになります）。

225先物は、もみあい入りする際、1取引日の値動きが500円幅となって、上げ下げを繰り返している動きがよく見られるので、500円幅を挙げましたが、その年の値動きを考慮して、自分なりの判断基準を見つけてください。

当然、毎日、反対売買の保険を入れておくことを想定しているわけではありません。

反対方向へ大陰線、大陽線があらわれる可能性がある場

面を目安にして、仕掛けを考えます。

　大陰線、大陽線をつける場面では、下がりやすい時間帯、上がりやすい時間帯で振れ幅の大きな動きがあらわれるはずなので、そうならなければ、すぐに手じまいすれば、手数料だけの損になる取引ができます。

考えるべき
ポイント

　本書で提案する取引は、長い期間、一定の流れができる場所で、その振れ幅の大部分を利益にすることで、利益を積み上げていくことが基本になります。

　そして、想定のとおりの流れができなくても、そのときは、短期の仕掛けが想定外の利益となる可能性があります。

　だとすれば、この取引を実行するうえで、考えておかなければいけないポイントは、

- 一定の流れができている動きの判断の仕方
- 大陽線、大陰線をいつつけるのか
- 値幅をともなった値動きになる場合のパターンのつくり方

などが挙げられます。

　最初の長期の仕掛けは逆張りになりますから、場合によっては、まずは短期の順張りで逆方向に入ることを考えます（そのまま長期の方向に順張りで入れるときを除く）。

　最初に短期の順張りを仕掛ける理由は、「順張りの値動きのほうが、1日の上昇、下降の典型的なパターンになりやすく、仕掛ける場所がはっきりしていること」と、「想

定のとおりに動き出した場合、値幅の大きな動きになりやすいから」です。

　最初の仕掛けで流れに逆らった取引をする場合、想定のとおりに反転するとしても、その場所では、強弱の攻防があります。

　そのため、1取引日の値動きが典型的なパターンにならず、その日の高値を更新した後、反転して、その日の安値を更新するという動きが何度もあらわれることがあります。

　上昇すると判断して仕掛け、思惑のとおりに上昇を開始して、1取引日で見れば十分な上げ幅となったとしても、その上げ分が、あっという間に失われて、損失が出て、気が付けば下降の流れを継続して終わったということも考えられます。

　そのような失敗を何度も繰り返さないように、まずは流れに沿った取引を考えます。

　ここで提案している戦略のなかで利益を最大限にするためには、1年間の変動幅を利益にするための長期の仕掛けでしっかりと値幅を取ることが重要になります。

　一方、短期的な仕掛けは、気持ちの揺らぎでの一瞬の血迷った行動を抑えるためであり、また、現実の急激な変化に対応するための補助作業という位置づけになります。

　だから、長期の仕掛けを入れやすくするための短期的な仕掛けを入れる場面では、決してトレンドに逆らってはいけません（長期の仕掛けの利益確定のための短期の仕掛けの場合、長い期間のトレンドに逆らう取引になります）。

　ここでいうトレンドは、1か月、3か月というような長

い期間ではありません。目先の数日でどちらへ積極的に行きたがっているのかという動きです。

225先物が3取引日以上、連続して陽線で引けていて、高値を更新しているのであれば、それは、上げ方向へ行きたがっていると見ることができます。

上値、下値を切り上げる動きがあらわれるなら、その動きも上げ方向の流れができていると推測できます。

もちあいレンジの上限へ位置した翌取引日に、価格があまり下げず、もちあいレンジ上限を抜けて上昇する場合も、一定の流れができている可能性を考えておくことができます。

そして一定の流れができている場面では、1取引日の値動きが典型的なパターンをつくります。以前の高値、安値を抜ける場面では、大陽線、大陰線をつける展開になることが多くなっています。

大陽線をつけるという動きを見極める作業は、すぐに上げ幅が大きくなって、買いの利益が大きくなるから、そういう場所で仕掛けたいということではありません。

大陽線をつける場合、上げるべき場所でしっかりと上昇するからこそ、そういう動きになるということが重要になります。その日に大陽線をつける展開を想定して仕掛けるなら、どこかで、価格が一気に上げるか、早い時間帯から上げ続けている動きが必要になります。

値動きの経過を見ていれば、結果がすぐにわかるので、想定した展開になることを前提として仕掛けて、そうならなければ手じまいするという作業を行なえば、あまり損失

を出さずに取引ができます。想定したとおりの展開になる
なら、損切り位置を売値、買値へ変更するので、そうなれ
ば、損が手数料だけになります。なお、細かな判断の必要
な作業のため、手じまいする場所の目安をつけるには、経
験値が必要になります。経験値を引き上げる期間は、すぐ
に取引に参加せず、値動きをイメージできるように、トレ
ーニングすることををおすすめします。

　このように文章で説明していくと、「結局、具体的にど
こが仕掛けるポイントなのかを書いていない」と批判され
るのかもしれません。

　第5章では、1取引日の値動きの典型的なパターンや、
傾向を紹介しました。それをそのまま使って、「このパタ
ーン、この時間に仕掛ければいい」と書くことは簡単です。
しかし、そう書くと、皆さんは、それをそのまま鵜呑みに
するだけで、自分で考えることをしなくなるかもしれませ
ん。

　もちろん、「そうなりやすい」という典型的なパターン
はあります。しかし、典型的なパターンというのは、そう
なってきたことが多いという経験則に過ぎません。たった
30分ズレただけで、想定していた展開にならないとあき
らめた後、考えていた方向へ大きく動くこともあります。

　だから、人の話をそのまま真似するのではなく、基本に
なる考え方を身につけて、応用していくことが大切なので
す。

　皆さんは、基準になる動きを頭のなかでイメージして、
そして、直近の1か月程度の値動きとすり合わせて、その

とおりなのか違うのかを判断し、自分なりのルールをつくり、仕掛ける、やめるということを実行する必要があります。

　プロ野球選手でも、毎年しっかりと成績を残しているバッターが、いつも同じフォームで打っているわけではありません。自身の体の状態や、環境に合わせて微調整し、年ごとの移り変わりに対応していく部分で、安定した成績が残るのです。

　長い時間が経過しても、変わらずに残る部分と、時間の経過ごとにどんどん変化していく部分があります。

　微調整などどうすればいいのかわからないという人は、まず、典型的な値動きを基準にして、上下、横ばいの複数のシナリオを描き、実際の結果と合わせるという作業を繰り返し、何が変化して、何が変わらないのかを見極める努力をすることをお勧めします。

　本書ではここまで、コンピュータの進化によって、取引環境が変わったことを説明しました。

　そのなかにあって変わらない点は、人が相場をつくっているということです。

　AIは、人の見えないものを見て、自分の利益を追求していますが、欠点もあります。

　その日に一定の流れをつくる場面では、一定取引量を特定の時間でこなすため、一定の流れができる時間や値幅に特徴があらわれやすいということです。

　値位置がズレても、値幅が想定外に大きくなっても、時間の経過を見れば、終点が見えてくることもあります。

何かに書いてあったパターンで、すぐに利益が出るほど、現在の相場は単純ではありません。

　アドバイザーの多くの方たちは、過去の経験値を使い、アドバイスすることでお金を稼いでいるだけで、乖離していく現実との距離を修正する作業ができていません。

　実際に投資する皆さんは、値動きの本質と、基本的なパターンを覚えて、そのパターンを増やし、修正していくやり方を身につけてください。

長期の仕掛けに、保険のための短期の順張りから入る方法

　本書では、短期の仕掛けと、長期の仕掛けを組み合わせた売買を提案しています。

　長期の仕掛けで十分な利益を得るため、短期の仕掛けを使います。

　長期の仕掛けは逆張りのポイントで仕掛ける場面が多いので、長期の仕掛けのポイントを目指す過程で、場合によってはトレンドに沿った順張りの短期の仕掛けを入れます。

　おおまかな仕掛けのイメージは、**図表6-5**のとおりです。

　1月に価格が上昇して、その年が強気パターンの年になると推測したとします。

　2月から3月にかけて、価格が下げています。

　その下げ場面で、押し目をつけるまで（逆張りで買うのを）待つのではなく、価格が下げている過程で、上値、下値を切り下げて、大陰線をつける可能性のある場面で、まずは順張りで売りを入れておきます。

　価格が下げている過程で、その日の価格が下げる場合、典型的な弱気パターンの日の展開となることが多いといえます。

　下げやすい時間帯に価格が下げて、下げ幅を拡大する動きになりやすいわけです。

図表6-5 ≫売買のおおまかなイメージ

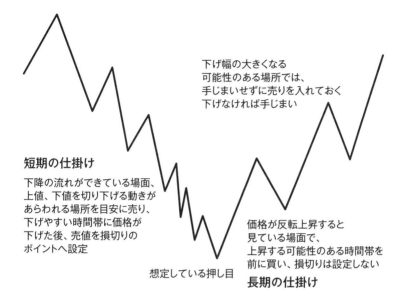

下げ幅の大きくなる
可能性のある場所では、
手じまいせずに売りを入れておく
下げなければ手じまい

短期の仕掛け
下降の流れができている場面、
上値、下値を切り下げる動きが
あらわれる場所を目安に売り、
下げやすい時間帯に価格が
下げた後、売値を損切りの
ポイントへ設定

想定している押し目

価格が反転上昇すると
見ている場面で、
上昇する可能性のある時間帯を
前に買い、損切りは設定しない
長期の仕掛け

　まずは、はっきりとした下げの流れがある場面で、下げ
幅が大きくなりやすい日に売りを入れて、その売りが利益
になるなら、持玉を維持します。

　そして、押し目底をつけて、積極的な上昇を開始すると
見ている場所で、売りを維持したまま、押し目買いを入れ
て、その後の展開を見極めます。

　実際の値動きを使って解説します。

　細かな売買ポイントは、日ごとの判断になるので、すべ
ての理由を書くときりがなくなってしまいます。そのため、
特定の場所に絞って説明しますので、当然、結果論に見え
てしまうかもしれません。

　図表6-6は、225先物ミニ期近日足です。

　2022年は、1月以降、下げの流れを継続しています。

　弱気パターンの年であっても、2月、3月は、季節性から押し目をつけて上昇を開始する可能性のある場面です。

　2月25日に強く下値を支えられる動きになって、反発しましたが、結果として、この安値が押し目にはなりませんでした。

　3月1日に2万7015円で上値を抑えられた後、3月4日は、上値、下値を切り下げる流れをつくっています。

　この時点で、短期的な流れが弱く、3月1日以降の下げは、2月25日の安値2万5595円を目指す可能性があると見ることができます。

　まだ押し目をつける可能性がありますが、再度下値堅さ

図表6-6 ▶ 225先物ミニ期近日足　2022年2月から3月の動き

を確認する必要があるわけです。

　3月4日に弱気の流れを確認したばかりのため、3月7日は、下値を試す動きになる可能性があります。

　価格が下げる場合、3月4日に下ヒゲをつけて、一時的な反発を経過していることから、「3月7日に価格が下げるなら、2万5595円割れを目指す動きになるので、大陰線をつける可能性がある」と推測することができます。

　3月7日は、早い時間帯、早ければ前日18時前後、あるいはその手前、遅くても、0時前には最高値をつけて、勢いの強い下げ場面があらわれる可能性のある日という見方ができます。

　当然、そうならなければ、2月25日の安値2万5595円の下値堅さが見えてきます。

　3月7日は、寄り付き後の高値が最高値になるか、21時頃まで、または0時頃までの高値が最高値となって、下降する展開を想定できます。

　そのなかでも、大陰線をつけるなら、18時頃までの高値が戻り高値になる可能性があります。

　次ジ**図表6-7**は3月7日の5分足（4日夜間から7日の日中）です。

　これを見ると、寄り付き後、一段高の後、すぐに上値を抑えられて、下降を開始しています。

　寄り付き後、17時30分頃までの時間帯は、弱気の展開になる場合、下げやすく、下げ幅が大きくなる可能性があります。

　ですから、寄り付き後、17時10分頃、上ヒゲをつけて、

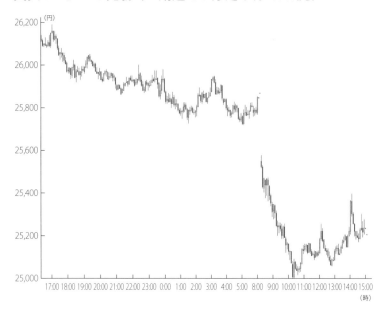

図表6-7 ▶ 225先物ミニ期近の5分足（3月7日の動き）

上値を抑えられる動きになった時点で、売りを入れます。

　17時30分過ぎまでの時間帯で価格が下げなければ、17時10分頃の戻り高値を超える動きになっていなくても、手じまいを考えます。

　このときは、17時30分過ぎに寄り付き後の安値を割れたため、売りを維持して様子を見ます。この際、弱気の流れがはっきりした時点で、（大陰線を想定しているので）その後の価格が17時10分頃の高値に接近することなく下げると考えることができます。

　想定したとおりに価格が下げた時点で、この売りは、損切りの場所を17時10分頃の高値ではなく、売値へと変更しておきます。

そうすれば、価格が上昇しても、手数料以外の損は出ません。

売値まで上げた後、再度価格が下げても、とくに問題ありません。また、次の売り場面を想定して、仕掛け直すだけです。

この売りは、積極的に利益を得ることを目的としていないので、損を出さないことを重視します。ですから、想定した展開にならなければ「やめる」ということが重要です。

トレンドに沿った仕掛けだからこそ、想定のとおりの値動きになりやすいはずなのですから、1〜2度の仕掛けで、利益の出る展開になるはずです。

3月4日（1取引日のローソクの日付は3月7日）の17時頃の高値をつけた後、すぐに売りを入れているとします。

損切りのポイントは、売値に変更しています。

この売りは、一段安後の長期の押し目買いを想定した仕掛けです。下降の最終段階の動きだと想定しているわけです。

次ジ **図表6-8**、**図表6-9**、227ジ **図表6-10** は3月8日、3月9日、3月10日の5分足です。

大陰線は、一気に下値の目安まで下げる動きなので、3月7日に大陰線をつけた後、翌3月8日、3月9日に押し目をつけるまでの時間帯、すべて買いを入れたくなる場所です。

売値以下ならどこで買ってもかまいませんが、強気の展開になるなら、上げやすい時間帯に上昇するはずなので、

図表6-8 ▶ 225先物ミニ期近の５分足（3月8日の動き）

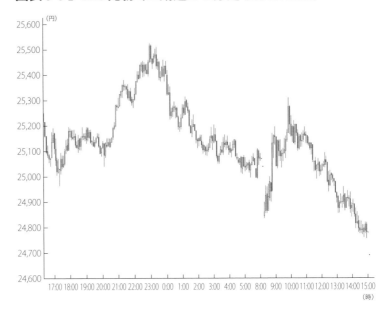

図表6-9 ▶ 225先物ミニ期近の５分足（3月9日の動き）

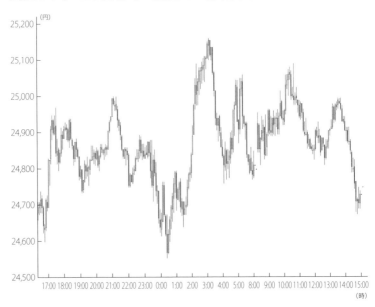

図表6-10 》225先物ミニ期近の5分足（3月10日の動き）

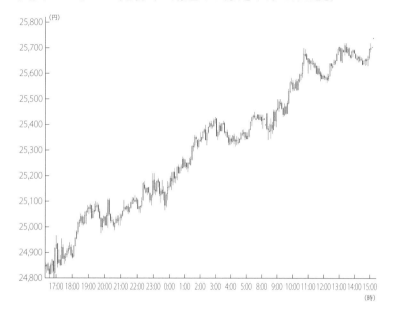

必然的に仕掛ける場所は限られます。

　8日の寄り付き後の押し目買いなら、2万5000円前後の地点で買いになります。

　9日の寄り付き後の押し目買いなら、2万4700円前後の地点で買いになります。

　買いを入れた後、長期の仕掛けは、損切りを入れません（何度かの損切りを入れることを戦術として組み込んでもかまいません。ここでは、わかりやすく書いているだけです）。価格が下げても、買いの損が売りの利益になるだけだからです。

　考えていたとおりに押し目をつける動きにならず、はっきりとした弱気の流れを継続するなら、売りと買いを両方、いっしょに手じまいすればいいだけです。

　この売りは、底値をつけたと判断し、もう買値まで下げることがないと判断できた時点で、手じまいします。

　売値をそのまま手じまいの場所にしてもかまいません。売値まで上昇しているあいだに、上昇の流れができて、強いという予想の精度を高めることができます。

　10日は、急落後の上昇の初期段階として、寄り付き後、すぐに上昇を開始して、大陽線をつける展開となっています。

　全体で700円幅以上の上げ場面となっています。

　10日の上げは、7日の売値に届いていないと考えられます。しかし、売玉を安値圏で手じまいして、買玉だけになっているとするなら、2万4555円を割れた地点を損切りの場所としているかもしれません。その場合、11日以降に価格が下げて、ダブル・ボトムを形成する可能性を想定しておく必要があります。

　急上昇の後は、一気に下げる動きを想定しておく必要があるので、3月11日の寄り付き後、利益を確定させる売りを考えておくことは大切です。

　11日は、寄り付き値が2万5490円と大きく下放れて始まって、その後、すぐに下降を開始しています。

　寄り付き後、下げやすい17時30分頃までの時間帯で、積極的な下げがあらわれる可能性に対処して、売りを考えます。この売りは、価格が下げなければ、すぐに手じまいします。

　長期の仕掛けが成立した後は、500円幅、1000円幅の上

げを経過する過程で、上値を抑えられる展開を想定して、下げやすい時間帯で売りを入れておくかどうかを判断します。実際の取引では、その日ごとの値動きから、売買のポイントが細かく推測できますが、ここで分単位の値動きを解説できません。

　長期の仕掛けを入れて利益が出ている場面で警戒すべき動きは、反対方向に大陰線、大陽線があらわれる動きです。

　急激に上昇、下降して、一気に500円幅以上の動きを経過した後は、反対方向の動きに注意しておきます。

　また、注目されている経済指標の発表や、要人の発言に注意しておきます。

　その日ごとに価格が動くと想定できる場所は、典型的な値動きのパターンや、指標の発表時間、要人の会見時間でわかるはずです。

　その際は、手じまいするのではなく、反対方向への仕掛けを考えます。

CHAPTER
7

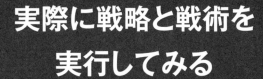

実際に戦略と戦術を
実行してみる

長期のシナリオをつくる

　本書で何度も書いているとおり、現在はかつてのテクニカル分析の教科書にあったように「こういうパターンがあらわれたら、価格が上がる」「こういうパターンがあらわれたら、価格が下がる」といった単純な判断で、うまくいくような状況ではありません。

　勝つためには、その年、その時点での値動きを予測して、シナリオを描き、長期と短期の売買戦略を組み立てていくしかありません。

　「事前に十分な準備をして、途中経過を確認して、シナリオにずれが出たら、それを修正して、戦略を組み立てて、その方針に沿って行動を起こす」という作業の繰り返しです。

　未来が正確にわかることなどないのですから、シナリオのとおりにならないのは当たり前です。それでも、しっかりと利益を得られるように、その都度、修正して、淡々とチャレンジし続けることが大切になります。

　筆者は、毎週末に長期展望の記事を書いています。第7章では、実践編として、実際の筆者の長期予想の記事を確認していただいて、次項以降でそのような展望をまとめるに至った判断のポイントなどについて解説していきます。

そして、具体的な仕掛けについて書いていきます。

　以下は、2020年12月末から1月末までの期間で、筆者が書いた記事の一部になります。

◉ 2020年12月29日時点での見通し

　価格が上昇するには、多くの市場参加者の動意が得られるだけでなく、積極的な行動を起こす必要があります。

　不安から逃れたい一心で、その時点での予測など関係なく手じまいが入ってしまう下げの流れと異なり、上昇を開始するには、多くの市場参加者を突き動かす何かが必要になります。長い期間の上げには、気持ちを持続させるため、安心できる材料が必要になります。

　だから、下降の流れは、「短い期間で一本調子に下げる」「長い期間で不規則に下げる」というパターンになりやすく、上昇の流れは、「短い期間で一本調子に上げる」「長い期間で規則的に上げる」というパターンになりやすいわけです。

　2020年は、3月19日の安値1万6358円から12月21日の高値2万6905円まで、1万547円幅の上げ局面となっています。

　8か月以上も上げ続けたように見えますが、実際に高値を大幅に更新する上昇をつくっているのは、「3月19日の安値1万6358円から3月25日の高値1万9564円まで、4営業日で3206円幅の上昇」、「5月22日の安値2万334円から6月9日の高値2万3185円まで、13営業日で2851円幅の上昇」、「10月30日の安値2万2948円から11月25日の高値2

万6706円まで、17営業日、3758円幅上昇」の3回、だい
たい1.5か月程度の期間だけです。

　2020年は、以前のチャートと比較すると、上昇の仕方
に変化がありませんが、動く幅が大きくなり、日柄、時間
が短くなっています。

　2020年の急激な動きは、2020年だけの特別な動きでは
なく、近年、自動売買による高速取引の割合が増えたため、
上昇、下降時の動き方が顕著になってきたことであらわれ
ていると考えられます。

　そのため、2021年の値動きは、以前のような値幅にも
どって、穏やかになると考えず、最近の激しい値動きを継
続すると見ていたほうが妥当だといえます。

　さて、本題の日経平均株価の2021年のシナリオです。
　2021年の日経平均株価のキーワードは、「上げられると
きに上げてしまえ！」です。
　2020年4月30日、政府は、事業規模117兆円の経済対策
を決定、そして、12月8日に、事業規模73兆円の追加の
経済対策を閣議決定しました。
　日銀は、無制限の金融緩和を実行していて、アベノミク
ス初期を超える勢いで通貨供給量を増やしています。
　国債を増発して歳出を大幅に拡大させたことで、ウィル
ス問題が一段落すると、国債の増発に対する批判、日銀の
緩和政策や、保有株数に対して圧力がかかる可能性があり
ます。

菅首相の支持率が50％以下へと下がり、政権交代により、増税したい財務省よりの政権が誕生することも考えられます。

　2021年は、株価を押し下げる可能性のある状況へ変化する不安に満ちています。

　そんななか、2020年12月年末の日経平均株価は、上昇を開始しています。

　上昇には、「多くの市場参加者を突き動かす何かが必要」であり、「長い期間の上げには気持ちを持続させるための材料が必要」だと前述しました。

　そして、最近では、一定の流れができている場面での値動きが、以前よりも極端になっているわけです。

　日銀は、少なくとも2021年前半まで大規模な金融緩和を継続する可能性があり、そして、2020年12月に追加経済対策が閣議決定されたばかりで、2021年度の予算にも経済対策が盛り込まれています。

　日経平均株価は、3月、4月に取引量が拡大して上昇する傾向があります。4月は、1990年から2020年までの期間で、月足が陽線引けする確率が61.3％あり、11月の次に上げ傾向の強い時期になっています。

　日経平均株価は、年明けから4月、6月頃までの期間で上値を試す傾向があります。

　2021年の株式市場は、先行き不安ばかりですが、上げ

傾向のある4月頃までなら、強気の季節性に材料の後押しがあり、まだ2020年からの流れを継続できる状況があります。

◉2021年1月10日時点での見通し

図表7-1は、日経平均株価月足です。

日経平均株価の2020年3月以降の上昇の上値目標値は、2018年10月の高値2万4448円から2020年3月の安値1万6358円までの値幅を2万4448円に加えた3万2538円を大きく上回る地点になります。

NYダウ、日経平均株価は、コンピュータでの高速取引が主流になっていく過程で、値動きの速度が上がっています。

図表7-1 ▶日経平均株価月足

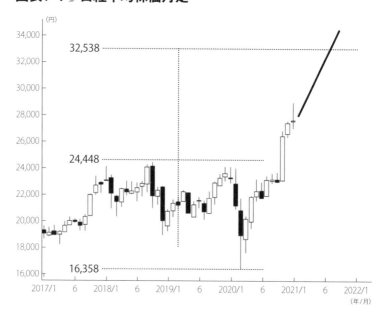

これまでは、ジグザグに緩やかに上昇して、上げ幅を拡大していた上げ局面が、数日で目的地まで上昇して、その後、横ばいに推移する展開になっています。

1〜4月は、上げやすい時期です。

価格は、上げやすい時期に行けるところまで一気に上昇する傾向があります。

上値目標値3万2538円までは、前週末の終値2万8139円からまだ4000円幅以上の上げ余地がありますが、本年中に目標値へ到達すると見るなら、4月、6月頃までは、上げ傾向があって、上げ材料がある状況なので、4月、6月頃までの期間で、一気に4000円幅以上の上昇を経過すると考えられます。

ただ、すでに、昨年末から勢いの強い上昇場面へ入っているので、この上昇が終息すると、いったん日柄か、値幅をともなった調整場面へ入るという見方が有力になります。

上値余地が十分にあって、材料があり、上げやすい時期になって、上昇が勢いづいているのですから、この上げで、目標値へ一気に接近する動きになると見るのが妥当だといえます。

目標値に届かずに、上値重い展開になると、2021年全体が上値重い展開となる可能性を考えておく必要が出てきます。

◉ 2021年1月24日時点での見通し

日経平均株価は、前年末から当年4月頃までの期間で上げやすい傾向があります。

　2021年のように、1月に大きく上昇している年は、通常の展開のように考えがちですが、そうでもありません。

　右肩上がりだったバブル以前、1950年から1989年までの期間では、1月の月足が陽線引けする確率は、82.5％となっていて、ほとんどの年で月足が陽線引けしています。

　一方で、バブル崩壊後の1990年以降では、1月が上旬からはっきりとした上昇の流れをつくって引けた年が、あまり見られなくなっています。

　月足が陽線引けした確率を調べると、1990年から2020年の期間では、1月の月足が陽線引けする確率が41.9％と、陰線引けが目立つ動きになっています。

　1月に陽線引けした年のなかで、1月がはっきりと上昇の流れをつくっている年は、1990年から2020年までの31年中、6回しかありません。

　これらの年の特徴には、「年間が陽線引けする展開になっている」「年の前半に年間の上げ分の大部分を取りに行っている」「1月の安値が年間の最安値になっていることが多い」「4月頃まで上昇を継続する」などが挙げられます。

　図表7-2は現時点で想定しているシナリオです。

　2021年1月は、25日から29日までの期間で上昇する場合、1月がはっきりとした上昇の流れになります。

　その場合、2021年が1年間の年足が陽線引けする動きになる可能性が出てきます。

　25日以降が横ばいに推移するなら、2月から3月にかけて、はっきりとした上昇の流れへ入ると考えられます。

**図表7-2 ▶ 日経平均株価日足、1月24日の時点で想定した
シナリオ**

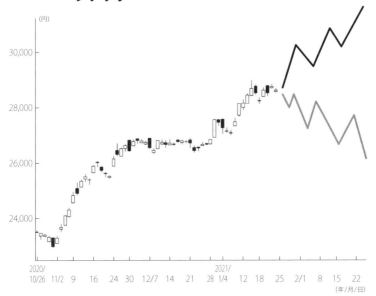

一方で、25日以降の価格が下げる場合、1月末頃までに1月6日の安値2万7002円へ接近する程度まで下げる展開を考えておく必要が出てきます。

その場合、前述した2021年が強気パターンの年になるシナリオからずれる展開になる可能性が出てきます。

● 2021年1月31日の時点で想定したシナリオ

先週末の記事で、日経平均株価は、「1月にはっきりと上昇した年は、年足で陽線引けする傾向がある」と書きました。

週明け後の日経平均株価が1月6日の安値2万7002円を

維持する展開になる場合、2万7002円が2021年の最安値になる可能性を残します。

　今回は、前の記事の見方のおさらいとして、年足が陽線引けする展開になる場合、いつ頃、年間の最安値をつけているか見ていきます。

　1985年から2020年までの期間で、年足が陽線引けした年は、22回あります。

　そのなかで、1月が年間の最安値だった年は、10回です。

　1月以外が年間の最安値だった年は、1993年、1995年、2003年、2004年、2005年、2006年、2009年、2012年、2014年、2016年、2017年、2020年です。

　1993年は、前半に上昇して、9月3日から11月29日までの期間で前半の上げ分を一気に押し戻して、往って来いの展開となっています。

　1995年、2003年、2009年、2014年、2016年、2020年は、1月以降に積極的な下げの流れを経過した後、3月から8月頃までの期間で押し目をつけて、年末へ向けて上昇する展開となっています。

　2004年、2005年、2006年、2012年、2017年は、3月、4月頃まで上値を試す動きを経過して、戻り高値をつけた後、いったん上げ分の大部分を押し戻される下げ場面を経過して、年の前半が上値重く推移しています。

　1月以外に年間の最安値をつけている年は、年の前半に上値重く推移するか、上昇しても4月頃までに上値を抑えられる動きになっています。

　結果として年の後半に上昇した理由は、（日米の）政策の

支援や転換、円安が後押しして、上昇を開始する動きとなったからです。

　2021年は、2020年に世界的な低成長を経過して、年明けから経済の立て直しが課題となっていて、すでに追加の大規模な経済対策も決まっています。足りなければ、新年度の予算が決定した春以降、さらに追加の対策を実行する（政治家の心の）準備もできています（選挙があるためです）。

　2021年は、早い時期にやれるだけの対処がなされると考えられるので、年の前半に上値重い展開になったにもかかわらず、年の後半に上昇を開始するという動きを想定しにくいといえます。

図表7-3 ▶ 日経平均株価日足、1月31日時点で想定したシナリオ

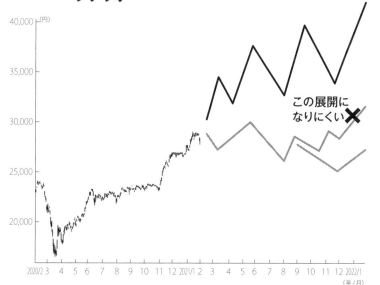

2021年は、1月6日の安値2万7002円が年間の最安値となって、年足が陽線引けする展開になるか、2万7002円を割れて、年足が陰線引けする展開になるかのどちらかが考えられます。

　週明け後の価格が下げるか否かによって、強弱のどちらになるかが見えてきます（前ﾍﾟ**図表7-3**）。

実際に戦略と戦術を実行してみる

売買のポイントでの
判断の仕方（その1）

　すでに結果のわかっている状況で、チャート上のどこが買い場だったかを書いても、後付けに過ぎません。したがって、ここで皆さんに読み取っていただきたいのは、数日間の動きを見ながら、その日ごとにどう判断しているかです。

　239ジ図表7-2を見ると、価格は、2020年3月以降、上昇を開始して、その流れを2021年1月も継続しています。

　1月24日の時点では、6日の安値2万7002円から14日の高値2万8979円まで、1977円幅の上げを経過しています。上げ幅を考慮すると、2021年の1月は、月足が陽線引けする可能性があると推測できます。
　1月24日の時点では、以下のような展開を想定しておくことができます。

- 2021年が強気パターンの年になる可能性がある
- おおまかな上値の目安は3万1500 〜 3万2500円程度
- 勢いの強い上昇が終息した後、値幅か日柄のともなった調整場面があらわれる

1月24日（日曜日なので、1月22日までの動き）の時点で、**図表 7-4**の225先物ミニ期近のチャート（の真ん中ぐらいまで）を見ると、価格は、15日の反落をきっかけにして、交互に陰線と陽線があらわれる展開となっています。

1月15日、18日と、2取引日連続して下げた後、19日に値を戻して、その後、陰線と陽線が交互にあらわれています。

一定の流れが終息して、もちあいの動きへ入っていると見ることができます。

ここでの判断にむずかしいことなどありません。陰線と陽線が交互にあらわれて、高値、安値を更新する展開、上値、下値を切り上げる、切り下げる展開になっていないので、単純にもちあいに入っていると判断します。

図表7-4 ▶ **225先物ミニ期近日足**（2021年1月の展開）

もちあいは、次にくる上昇への待機か、価格が下降へ転換する前の動きです。

　2021年1月の上昇は、2020年12月22日の安値2万6185円から始まっています。

　1月14日の高値2万8985円までの15取引日で、2800円幅の上げ場面となっています。

　1月14日以降、上値を抑えられる場合、一気に、急激に、大幅に上昇した後の調整場面になります。強く上値を抑えられる場合、上げ幅全体の修正の動きになる可能性があります。

　1月15日、18日に価格が下げた地点で、まず、上昇途中の一時的な調整と、値幅のともなった調整の両方を考えておく必要があります。

　予想というのはあくまで予想にすぎないので、予想のとおりにいく展開と、予想が外れる展開の両方を用意しておき、どちらになっても対応できるように準備しておくことが重要です。

　そして日柄を経過することで、シナリオを絞っていきます。ではどうやってシナリオを絞っていくのかを以下で書いていきます。

　もちあいがトレンド形成途中の中段もちあいか、反対方向へ動く前の準備期間かを判断するためには、もちあいの日柄が重要になります。

　（短期的な）トレンド形成中なら、短い期間で高値、安値を更新する動きになる必要があるので、短ければ1取引日の一時的な反転で調整の動きが終わり、すぐにトレンドに沿

った流れへ入ります。長くても、5取引日目には、反転前の高値、安値を抜ける動きになるか、その兆しがあらわれます。

　トレンドができるためには、多くの市場参加者が共通の認識のなかで方向をつくり出す必要がありますが、トレンド方向で長く利益の得られない状態が続くと、離脱者が増えてゆき、それまでの流れをつくっていた勢いが終息してしまいます。

　筆者は、過去の経験則から、この日柄の目安を最長で5取引日程度と見ています。

　図表7-5は、短期の値動きの判断の仕方についていくつかのパターンを紹介するものです。

　まず、上値、下値を切り下げる動きがあらわれたら、そ

図表7-5 ▶一定の流れが継続しているときの調整と 流れが終息したと判断できる動き

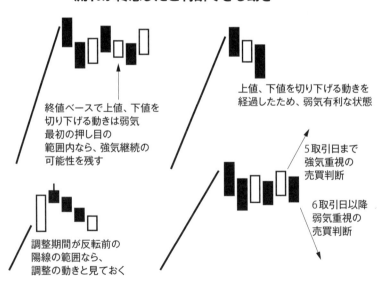

終値ベースで上値、下値を
切り下げる動きは弱気
最初の押し目の
範囲内なら、強気継続の
可能性を残す

調整期間が反転前の
陽線の範囲なら、
調整の動きと見ておく

上値、下値を切り下げる動きを
経過したため、弱気有利な状態

5取引日まで
強気重視の
売買判断

6取引日以降
弱気重視の
売買判断

の時点で、短期的に弱気のトレンドがあると見ておきます。

　上昇途中で価格が反転する場合、（反転の値幅でも変わりますが）1～3取引日の期間で一気に下げる動きは、短期的な調整と判断します。また、反転前の陽線の範囲内なら、4取引日連続して陰線で引けても、一定の流れができた動きではなく、調整の動きと見ておきます。5取引日目の1取引日で、一気に下げた分を戻して、調整前の高値を超える可能性を残しているからです。

　反転下降して、最初の下げでつけた押し目と、反転前の高値の範囲内でもちあいの動きとなっている場合、5取引日の範囲内なら、その間、上昇の可能性を重視して仕掛けを考えます。図表7-5の右下は、5取引日目が陽線となっています。強気継続なら、5取引日目の陽線が調整前の高値を超える展開を想定しておき、そうならなかった時点で、弱気有利と見ておきます。

　6取引日目からは、下降の可能性を重視して仕掛けを考えます。

　さて、2021年1月22日は、1月14日に調整入りしてから5取引日目（1月14日を含めない日柄）に位置しています。

　勢いの強い上昇の流れを継続中なら、5取引日目となる1月21日に価格が上昇したのですから、この上げの勢いのまま、一気に1月14日の高値2万8985円を超える展開になると推測することができます。

　次ジ **図表7-6**は、225先物ミニ期近の2021年1月21日（1月20日の16時30分から1月20日の15時15分）の15分足です。

　1月21日の値動きは、次のような考え方をします。

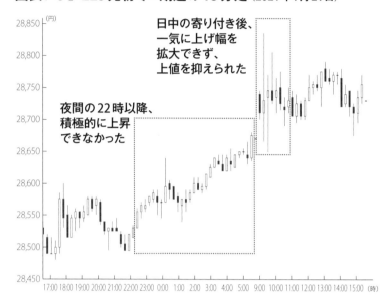

図表7-6 ▶ 225先物ミニ期近の15分足（2021年1月21日）

日中の寄り付き後、
一気に上げ幅を
拡大できず、
上値を抑えられた

夜間の22時以降、
積極的に上昇
できなかった

　勢いの強い上昇の流れの途中では、勢いの強い上昇の流れが続いていることを示さなければいけないという"しばり"があります。

　価格が反転して、調整の動きへ入ると、日柄を経過するごとに、このしばりが値動きへ、強い影響を与えることになります。

　1取引日程度の反転なら、翌取引日に上下どちらへ行っても、まだ上昇が続いているという見方ができます。

　2取引日連続して下げても、値位置次第で、まだ明日も下げられます。

　しかし、2取引日目に反発して、3取引日目に2取引日目の安値を割れて、上値、下値を切り下げる動きをつけるな

ら、4取引日目は、価格が上昇しなければ、短期的な流れが弱気へ変化しているか、上昇の勢いが終息している展開を考えておく必要が出てきます。

　上値、下値を切り下げた後の4取引日目は、上昇継続なら、上げるしかないという見方になります。

　5取引日目となる1月21日は、上げるしかない日です。しかも、強気の流れを継続しているなら、1月14日の高値2万8985円付近か、それ以上へ上げるしかない日という見方になります。

　未来の値動きを予測する場合、このような"しばり"のある日は、わかりやすい日になります。

　1月21日は、まず、価格が典型的な強気パターンの日の展開になる可能性があります。そして、第5章で紹介した上げやすい時間帯で、価格が積極的に上昇して、1取引日のどこかで、2万8985円へ届く動き方にならなければいけないわけです。

　このことは、1月21日がそのように動くと考えて、それに従えと言っているわけではありません。

　何時頃、どこまで行かなければ行けないという状況がはっきりしているのですから、その動きを基準にして、「そうならなければ、弱い」と見ておけばいいだけです。

　1月21日は、強気なら、1月20日の夜間の寄り付き後から20時頃まで、22時から1時頃までの時間帯、または、翌日日中の寄り付きから10時頃までの時間帯で、上げ幅

の大きな動きがあらわれて、2万8985円へ到達すると考えられます。

寄り付き値が2万8530円なので、455円幅の上げを経過しなければいけないわけです。

15分足のチャートを見ると、1月21日は、全体を通じて、上昇の流れをつくりましたが、2万8985円へは到達できませんでした。

21日の朝の寄り付き後、9時前後でいったん上値を試す動きになりますが、結果として、10時頃までの時間帯で、目的地に到達できなかったことで、上値の重さを推測することができます。

20日の夜間の時点では、勢いの強い上昇の流れができていて、上げやすい時間帯に価格が上昇して、455円幅の上げを経過すると見ているのですから、22時頃、寄り付き後の安値を維持して、下値堅い動きになっている時点、2万8500円前後の地点で、22日までに400円幅以上の上げを経過することを想定した押し目買いを考えておく場面です。

しかし、22日の10時の時点では、22日の夜間の展開次第で、22日の日中の高値で上値を抑えられて、下値を試す流れになることも考えられます。

短期的な強弱の見方の変わる場所で、弱気を警戒しなければいけない状況になったので、夜間の買いは、日中にやめて、22日の夜間に仕掛け直しとなります。

時間ごと、動き方ごとに、強弱の重要度が変わってしま

うので、わかりにくいかもしれません。

　ここでのポイントは、継続か、中断かをストップ・ロスを割れる動きや目標値の達成という外的な要因で決めているのではなく、自分のなかにある基準を重視して、主体的に判断していることです。

　引き続き判断の仕方について書いていきます。

　図表7-7は、2021年1月前後の日経平均株価日足です。

　日経平均株価が強気の流れの継続を示すもっともわかりやすい動き方は、1月20日の始値2万8798円以上の地点から、上放れる格好で始まって、上昇が勢いづいていることを示す展開だったといえます。

　1月20日の夜間の引けまでのあいだに、日経平均株価指

図表7-7 ▶日経平均株価日足

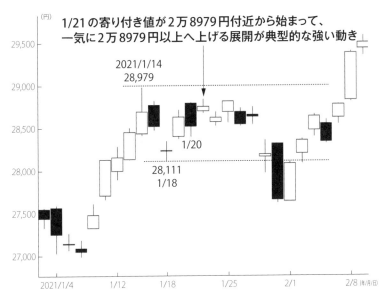

数の寄り付き値が2万8798円以上で始まる値位置まで上げられなかった時点で、21日の日経平均株価指数、先物とも、1月14日の高値を超えられない動きになる確率が高くなっていたと見ることができます。

　先ほど、20日の夜間の買いは、日中に上昇できなかったことで主体的に手じまいすると書きましたが、夜間の時間帯で手じまいしておくと、日中の動きを中立で俯瞰することができます。

売買のポイントでの
判断の仕方（その2）

　さて、21日は、日経平均株価指数、225先物とも、上値
の重さを示しましたが、まだ弱気だと判断できる状況では
ありません。

　21日は、強気の展開になる場合の動き方が見方の中心
でしたが、22日は、強い場合、弱い場合の両方を同じく
らいに考えておく必要があります。

　日経平均株価指数の22日が上昇するには、21日の夜間
取引で、225先物が上昇して、翌日の日経指数が上放れる
動きになるための準備が必要です。

　21日の日中までの動きで、弱気有利な状況を示してい
るので、21日の夜間取引での225先物は、上値重い動きに
なった時点で、現在が勢いの強い上昇の流れの途中ではな
いと判断できます。

　21日の夜間取引では、積極的に下げなくても、上値重
く推移すれば、弱気という見方になります。

　次ジ**図表7-8**で1月22日の225先物ミニの値動きを見る
と、寄り付き後、すぐに上値を抑えられる展開となってい
ます。

　1月21日の夜間に225先物の価格が下げた時点で、1月
14日の高値で勢いの強い上昇の流れが終息して、いった

図表7-8 ▶ 225先物ミニ期近日足 （2021年1月22日の15分足）

ん値幅のともなった調整場面へ入る可能性を考えておく必要があります。

　1月14日以降、下げ幅をともなった動きになるという見方が正しければ、その下げは、1〜3月にあらわれることを想定していた下げ場面か、前年からの上昇が終了した後の下げ場面のどちらかという見方ができます。

　この時点では、まだ2021年の日経平均株価が強気パターンの年の展開になると想定しているので、値幅のともなった調整を経過した後の押し目買いが長期の狙い目になります。

　先ほどの長期展望の記事の紹介のなかで書いたように、

日経平均株価は、強気パターンの年になる場合、1月の安値が年間の最安値になっていて、1月の月足が陽線引けすることが多くなっています。

　2021年が強気パターンの年になるなら、1月6日の安値2万7002円が1月の最安値となるか、1月29日までの6取引日の範囲で、2万7002円を割れて、1月中に押し目底をつける展開になる必要があります。

　2021年が強気パターンの年になるなら、1月の月足が陽線引けする展開になると考えられます。

　そのため、22日以降に価格が下げても、1月29日の終値が1月4日の始値2万7575円以上へ位置していると推測できます。

　2月の値動きには特徴があります。「2月の月足が陽線引けした18年中15回は、2月の最安値をつけた後、2月の最高値をつけるまで、はっきりとした上昇の流れをつくっている」という動き方です。

　1月22日以降の下げが一時的な動きで終わり、価格が上昇を開始するなら、その動き方には2通りが考えられます。

　1つ目は、1月28日までに押し目をつけて、2月が月初から上げの流れをつくる展開です。

　2つ目は、2月上旬までに、1月6日の安値2万7002円を維持する格好で押し目をつけ、上昇を開始する展開です。

　以上のことを考慮すれば、2021年が強気の展開になる場合のシナリオが見えてきます。

以前であれば、このようなシナリオを描いたら、1月末、または2月上旬の押し目買い場を待って仕掛けるという考え方が無難でした。

　しかし現在は、押し目買いを入れた場所を狙われて、いつまでも損切りを繰り返してしまうことも考えられます。

　そのため、押し目買い場面で、手じまいをせずに維持するため、22日以降は、まずは短期的な売りを入れる場所を探ります。この売りは、押し目買いで利益を得るための仕掛けであり、利益を出すことを目的としていません。

　ですから、あわてずに、しっかりと弱さを確認して、押し目買い場面まで、手じまいせずに持っていられる場所で仕掛けを考えます。

　図表7-9を見ながら考えてみます。

　1月22日は、勢いの強い上昇の流れの終息を示しましたが、それが、下降の流れへ入っていることを意味しているわけではありません。

　すぐに上昇する流れが終わったことを示しているに過ぎません。

　1月14日までは、勢いの強い上昇の流れをつくっていました。勢いの強い上昇の流れは、一気に行けるところまで上げてしまえという動きです。

　その上昇が終息したのですから、もみあいを経過した後、上下どちらかへ向かうとすれば、それは、下方向と見ておくのが妥当です。

　価格が買いやすい場所（値位置と日程）に下げるまで、次の積極的な上げがあらわれにくいと推測できます。

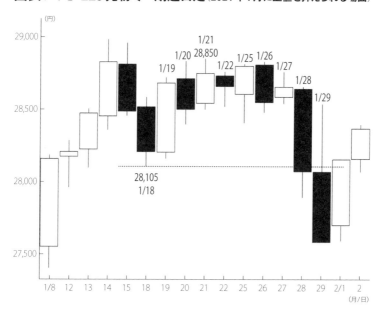

ただ、1月22日の時点では、どういう下げ方になるかがわかりません。

図表7-9を見ると、1月21日から26日は、26日が21日の高値を超えられずに下げたことで上値の重さを示す展開となっています。

26日は、明確な弱さを示していませんが、上値を更新できない動きと、1月14日以降の日柄から、上値の重さがはっきりとわかる日です。

翌27日は、価格が反発しますが、26日の高値に届かずに上値を抑えられた地点で、上値の重さがわかります。

28日は、27日の安値を割れたことで、1月26日以降が

上値、下値を切り下げる動きになりました。もちあい入り後、はっきりと弱さを示した日になります。

28日は、弱気確認から、一気に下げ幅が拡大して、1月18日の安値2万8105円を割れるまで下げて、1月14日以降の全体の動きでも、上値、下値を切り下げる流れをつくっています。

1月28日までの動きで、上値の重さと、下げの流れができていることを示しています。29日は、上ヒゲ部分で価格が戻していることがわかりますが、上ヒゲをつくる上げ過程で、上値を抑えられる可能性があると見ておくことができます。

1月27日、28日、29日は、それぞれ売りを入れておくことができる日だったといえます。

売買のポイントでの
判断の仕方 (その3)

第5章の149ジ図表5-9で、日中の最高値、最安値をつけることの多い時間帯を紹介しました。その日が陰線で引ける場合、夜間の寄り付き後、19時30分頃まで、22時30分から0時30分頃、日中の寄り付き後などで最高値をつけやすく、日中に最安値をつけることが多くなっています。

図表7-10、次ジ**図表7-11**、**図表7-12**は、1月27日、28

図表7-10 ▶ 225先物ミニ期近の15分足 (2021年1月27日)

図表7-11 ▶ 225先物ミニ期近の15分足 （2021年1月28日）

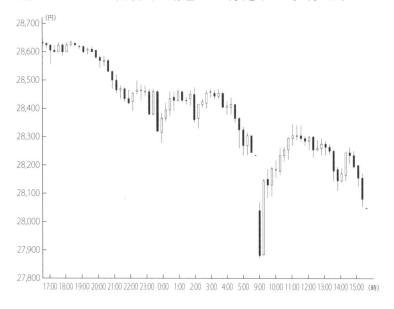

図表7-12 ▶ 225先物ミニ期近の15分足 （2021年1月29日）

日、29日の225先物ミニ期近の15分足です。

1月27日は、下げの流れができていないので、下げることを想定した売りを入れにくい日です。ただ、上値の重い状況だけははっきりしています。

そのため、寄り付き後、価格が上昇したのを確認した後、戻り売りを考えておくことができます。売りのポイントは、1月26日の高値2万8830円へ届かない地点で、22時30分から0時30分の時間帯か、または日中の寄り付き後を考えておくことができます。

28日は、27日の安値2万8540円を割れた地点で、弱気の流れができていると推測できます。

19時以降に価格が下げたことで、21時30分頃には、弱気の流れができていることを判断できます。そのため、22時30分から0時30分頃の時間帯で、値を戻す場面で売りを考えておくことができます。

29日は、結果論になってしまいますが、前日の夜間で1月28日の高値に接近する程度まで上げているので、日中の寄り付き値が下放れて始まった時点で、日中は夜間の上げ分を押し戻されると推測できます。

日中の寄り付き値付近で売りを考えておくことができます。

長期の仕掛けが
本命

　前項の売りは、一段安を経過した後、押し目買いを入れたいための仕掛けです。

　ですから、1月下旬以降の押し目買いが、本命である長期の仕掛けになります（1月の時点では、2021年を強気パターンの年と見ているためです）。

　2021年が強気パターンの年になるという理由の1つには、1月が月初から上昇したため、1月の月足が陽線引けして、1年間が強気パターンの年になる可能性がでてきたことが挙げられます。

　そのような展開になるなら、1月29日の終値は、1月4日の始値2万7575円よりも高い値位置で引けるという見方ができます。

　また、1月の安値が年間の最安値となって、上昇を開始すると見るなら、2月以降に1月の安値を割れずに推移することになります。

　1月下旬の下げは、1月6日の安値2万7002円を維持して、押し目をつける動きになるか、29日までに2万7002円を割れた後、29日の終値が2万7575円よりも高くなって引ける展開になると考えられます。

　そして2月は、押し目をつけた後、一本調子に上値を試

す動きに入る傾向のある月です。

　ここまでわかっていれば、強気の展開になる場合のシナリオは絞られます。

　1月27日に上値の重さを示して、1月28日に弱気の流れを確認して、そして、1月29日も上値の重さを確認して、下げているのですから、積極的に買える場面があれば、1月29日以降ということになります。

　1月27日から29日までの期間で売りを入れているので、次の買いは早めに仕掛けて、価格が下げてしまっても、下げ分を売りが相殺してくれます。

　長期の仕掛けなので、タイミングとしては逆張りになることも許容します。強気の見方が正しければ、ここで上がるはずだという場所で（足下の動きを見ずに）仕掛けることを許容するということです。

　さて、次ジ**図表7-13**でNYダウの日足チャートを見ると、NYダウは、1月下旬から下値を試す流れへ入って、上値、下値を切り下げる弱気の流れをつくっています。

　この動きを継続中なら、2月1日の反発は、1日に上ヒゲをつけて上値を抑えられた経緯から、1日の高値が強い抵抗になると推測できます。

　弱気の見方が正しければ、2月2日は、1月29日がそうであったように、寄り付き値が下放れて始まると考えられます。

図表7-13 ▶ NYダウ日足（2020年末から2021年1月の動き）

だとすれば、2月2日は、日中の日経平均や、225先物、ダウ先物、CFDが上値重い展開になって、2月2日の23時30分のNYダウの発会に向けた準備の動きとなると考えられます。

逆に日中のダウ先物、CFDが前日の夜間の高値を試す動きを経過するなら、それまでの勢いの強い下げの流れが変化している可能性を示唆します。

2月2日の日中は、前日の夜間のNYダウが一時的な反発の終点をつけていれば、ダウ先物、CFDが上値重く推移する可能性がありましたが、そうならずに上昇すると、NYダウの1月29日の安値が押し目になる可能性を考えて

おく必要のある場面でした。

　2月2日の日中は、日経、225先物の価格が上昇すると、その晩のNYダウが上昇して、その翌日の日経、225先物の価格がさらに一段高となる可能性が出てきます。押し目買いの場所を探すなら、2日の価格が上昇する場面がそのポイントになります。

　以下では、売買を仕掛ける場所を紹介します。ただし、売買を仕掛けるポイントは、その日ごとの判断になるので、以下で書いた場所しかないというわけではありません。

　図表7-14は、2月1日〜2月3日までの225先物ミニ期近の15分足です。

図表7-14 ▷ 225先物ミニ期近の15分足 （2021年2月1日〜3日）

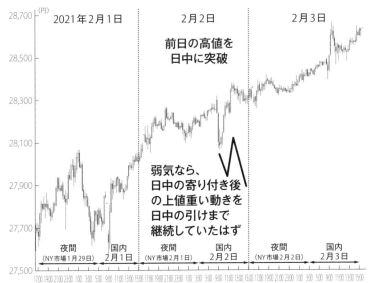

売買を仕掛けるポイントは、(短期の売玉が入っているという前提で)2月1日の日中、売りの入っていない状態で、新規の買い建玉を仕掛けるなら、2月2日の日中が考えられます。

NYダウは、1月29日に大陰線をつけて一段安となっています。

大陰線は、一気に行きたい場所まで下げる動きなので、翌日の価格が反発すると、1月29日の安値付近が押し目になる可能性が出てきます。

通常なら、確認作業が必要ですが、これまで書いてきた日経の値位置や状況と合わせて考えると、上昇を開始する可能性を考えておくことができます。

図表7-14の真ん中の日、2月2日(2月1日の夜間)は、価格が反発基調を継続しています。

弱気なら、夜間の引け前の下げ(図表7-14の真ん中であらわれている下げ)を継続して、2月2日の日中の225先物が下げの流れをつくると考えられます。

2月2日、日中の寄り付き後、225先物がいったん下げた後、押し目をつけて上昇を開始した地点は、その後の強さを示唆する動きになるので、買いのポイントになります。

2月2日の夜間は、積極的に買いを入れるポイントになります。

2月2日の夜間は、(下降を継続中なら)NYダウの発会までに、225先物が日中の上げ分を押し戻されると考えられます(NYダウが前日の終値以下で発会するための動きです)。2月2日の夜間は、価格が下げなければいけない場所になります。夜間に

実際に戦略と戦術を実行してみる

価格が下げずに上昇を開始した動きは、NYダウの1月29日の安値が押し目底になっている可能性を示す動きだといえます。

2月は、価格が上昇を開始する場合、一本調子の上げ場面になって、一気に行ける場所を目指す展開になる可能性があります。

1月28日、29日と価格が大きく下げていたわけですから、当然、その反動高も加わって、押し目底を確認した後は、一時的にせよ、上げが勢いづく可能性があります。

2月3日（2月2日の夜間から2月3日の日中）は、価格が上昇する場合、勢いの強い下げの流れが終息していることを示す場面のため、はっきりとした上昇の流れになる可能性を考えておくことができます。

225先物ミニ期近は、2月3日以降、価格が上昇を開始していますが、まずは損切りを設定せずに持玉を維持します。

短期の売りを売値に損切りのポイントを設定しておき、短期の売りが手じまいになった時点で、買玉に損切りを入れます。この場合の損切りの場所は、買値に設定します。

この買いは、年間の変動幅を取りに行く買いなので、当面、買玉を維持します。

ただ、500円幅、1000円幅程度の利益の出ている場面では、強く上値を抑えられると想定できる場所で、短期の売りの仕掛けを考えます。

この仕掛けは、1取引日に急落したときでも利益を確定

するためものですが、利食いたいという気持ちを抑える仕掛けにもなります。

急激な下げがあらわれる時間帯は、決まっているので、その時間帯を経過したら、売りの手じまいを考えます。

値動きの仕方は、日々変化しています。この変化は、経済活動や、日常の習慣から逸脱するものにはなりませんが、微妙に、数十分、われわれの思惑からずれる格好であらわれます。

もう、こういうパターンができたからこうなるなどという、単純な取引は通用しなくなっています。

ただ、心理的な変化を考えなくてもいいコンピュータが相手になっている状況や、値動きが激しくなっているからこそわかる、決まった動き方があります。いまだからこそわかることがあるので、面倒くさがらず、データを読み取り、それを利用すれば、結果は必ずついてくるはずです。

●おわりに

　筆者が本書の戦略を実行する際、いちばんうまくいかないケースは、長期の仕掛けの方向が下降で、いままさに戻り高値をつけると想定している場所に位置している状況です。

　はっきりとした下降局面が上昇へ転換する場面では、多くの市場参加者が、これから上昇を開始することがわかる値動きがあらわれます。
　たいていの場合、下降から上昇へ転換する前には、数日程度の日柄をかけて、上昇する準備の動きがあらわれています。
　準備もなく、いきなり急騰する場合、上昇の動きが短い期間で終了して、いったん値幅のともなった下げ場面（底値になっている地点へ届かないとしても、上げ幅に対して十分な下げ）を経過して、再上昇を開始します。
　2020年3月19日の底値をつけた後の上げは、反発サインなどあらわれずに急騰しましたが、3月25日に上値を抑えられた後、4月3日までの期間で、上げ幅の半値押し以下まで価格が下げています。

　一方で、はっきりとした上昇の流れを形成した後、下降を開始する場合は、突然、なんの前ぶれもなく、急落することがあります。その際、値を戻す動きもあらわれず、上

げた分のすべてを一気に下げてしまうことがあります。

　図表は、2022年1月から9月頃までの日経平均株価日足です。

　6月9日に戻り高値をつけた後の下げ場面は、まさにそういう動きでした。

　6月9日に上ヒゲの長い小陽線で引けた後、10日以降、下降を開始して、6月9日〜20日までの8営業日で、2869円幅の下げ場面となって、5月12日から6月9日までの上げ分のすべてを押し戻されています。

　長期シナリオに自信があると、それだけ、その動きで多くの利益を出したいという思いが強くなってしまいます。

　長期の方向が上昇であれば、多くの市場参加者の共通の認識が必要なのですから、事前におおまかに推測し、しっ

図表》日経平均株価日足（**2022年1月から9月の値動き**）

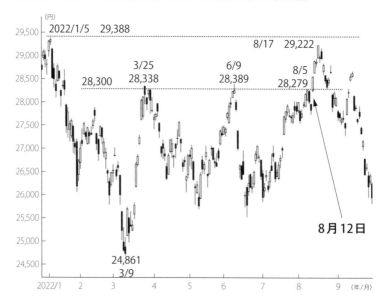

かりと準備できるし、準備できていなくても、上昇を開始した後、準備して、対応することができます。

　しかし、下降の場合、突然あらわれる可能性があるということが頭の隅にあるため、目安としている場所を過ぎると、そこで何度も損切りを繰り返してしまうことがあります。

　2022年は、6月の時点で、すでに弱気パターンの年になるというシナリオが有力だと見ていました。

　6月に押し目をつけた後、価格が上昇を開始しますが、この時点でのシナリオは、6月以降の上昇が、1月5日の高値2万9388円を超えられず、上値を抑えられるというものです。

　2022年の投資環境を考慮すると、弱気シナリオが有力だと考えていました。

　2万9388円を超えられないのであれば、当然、3月、6月と上値を抑えられた2万8000円以上の地点では、強く上値を抑えられる動きがあらわれて、下降を開始すると推測できます。

　そのように見るなら、8月5日に高値をつけた翌営業日の反落は、5日の高値が戻り高値になる可能性を示す動きだといえます。

　8月12日に価格が急騰して、5日の高値を超える動きになりますが、そうなっても、2万9388円を超えるまで、年間の弱気シナリオが変わるわけではありません。2022年が弱気だと予想している理由は、値動きの本質の部分で推

測しているわけですから、時期や状況の変化が見られない
なか、短期的な動きだけで長期の見通しを変更することは
ありません。

　2万9388円を超えられないと見ていて、ものすごい勢い
で2万9388円へ接近しているのですから、8月12日から8
月17日までの4営業日の期間中、すべてが売りのポイント
になります。

　このような場面では、売りを入れた後に、価格が急上昇
して、大きな損が出たとき、すぐに下がる、そして、急落
するという夢を見ます。

　この夢が捨てられず、損失の拡大を許容してしまいがち
です。

　本書で紹介した取引で、大きな損が出るのは、このよう
な場面です。

　先に短期の買いを仕掛けておくのですが、8月5日の高
値を確認した後の下げ場面で、買いが手じまいとなってい
ると、12日の急上昇場面で買いを仕掛けるのは、かなり
むずかしくなります。

　2万8279円付近は、明らかに戻り高値になると推測でき
るので、12日の価格の上昇場面では、買いを入れるよりも、
むしろ、長期の売りを優先してしまうからです。そして、
その後、上がれば上がるほど、売り有利だという考えにな
ってしまいます。

　このような状況に対応するためには、その日のなかで、
自分が明確なイメージを描ける、いくつかのポイントを持

っておくことが大切です。

　売りを入れて損が出ている建玉を手じまいするとき、価格が大きく下げる時間帯の前に手じまいしたのでは、手じまいした後、すぐに下降を開始すると、再度仕掛けたくなります。逆に、仕掛けを入れる前に一気に下げてしまうと、再度仕掛けを入れにくくなります。また、手じまいした値位置よりも低い地点で売りを入れると、それがだましとなったとき、さらに損失が膨らむことになります。

　1営業日のなかで、次にいつ頃、どのような展開になったら強い、弱いという明確なイメージの持てる場所があれば、想定のとおりにならず、損失が拡大しても、あたふたせず、一度の大きな損失だけで、その後、しっかりとした自分の勝ちパターンへと持っていくことができるようになります。

　そうした「売買を仕掛ける場所や時間」は、一定のパターンやテクニカル指標のサインでわかるものではありません。本書で学んだことを活かして、皆さんが独自のポイントを考えることが不可欠です。

　相場の状況は常に変化しています。それぞれの場面で、なぜそう予想するのかを考え、予想どおりにいくか、いかないかを経過しながら、シナリオを修正し、淡々と対応し続けていくことが大切なのです。

　面倒くさいので、手っ取り早く、目先の値動きの予想を知りたい方は、筆者が情報を提供している会員サイトに登

録してウォッチしていただければ、参考になることがあると思います。

　個人投資家は、常にすべてにおいて最弱であることを理解して、弱い側の戦い方を心がけるようにすべきです。

　最初は、慎重に対応することで、ほとんど損をしないが、利益も得られない取引が続くかもしれません。

　それでも、あきらめず、取引を繰り返していくなかで、それまでは見えなかったものが理解できるようになっていくはずです。

伊藤智洋（いとう　としひろ）

証券会社、商品先物調査会社のテクニカルアナリストを経て、1996年に投資情報サービス設立。株や商品先物への投資活動を通じて、相場予測の有効性についての記事を執筆。株探の「伊藤智洋が読む 日経平均株価・短期シナリオ」などで、日経平均株価の展望を解説するほか、シグマベイスキャピタルのeラーニング講座「テクニカル・ファンダメンタル コンビネーション分析コース」講師を担当。『チャートの救急箱』(投資レーダー社)、『投資家のための予想&売買の仕方マニュアル』(同友館)、『株価チャートの実戦心理学』(東洋経済新報社)、『テクニカル指標の読み方・使い方』『株は1年に2回だけ売買する人がいちばん儲かる』『ローソク足チャート究極の読み方・使い方』(以上、日本実業出版社)など著書多数。

会員制サイトURL：https://pt-iis.com/

高速取引・AI・アルゴの
やっかいな値動きに負けない
弱者でも勝ち続ける「株」投資術

2023年2月10日　初版発行

著　者　伊藤智洋 ©T. Ito 2023
発行者　杉本淳一

発行所　株式会社 日本実業出版社 東京都新宿区市谷本村町3-29 〒162-0845
　　　　編集部 ☎03-3268-5651
　　　　営業部 ☎03-3268-5161　振　替　00170-1-25349
　　　　　　　　　　　　　　　　https://www.njg.co.jp/

印　刷／厚徳社　　　製　本／若林製本

本書のコピー等による無断転載・複製は、著作権法上の例外を除き、禁じられています。内容についてのお問合せは、ホームページ（https://www.njg.co.jp/contact/）もしくは書面にてお願い致します。落丁・乱丁本は、送料小社負担にて、お取り替え致します。

ISBN 978-4-534-05982-6　Printed in JAPAN

日本実業出版社の本 **投資関連書**

好評既刊!

下記の価格は消費税(10%)を含む金額です。

伊藤 智洋 著
定価 1540円 (税込)

伊藤 智洋 著
定価 1650円 (税込)

伊藤 智洋 著
定価 1760円 (税込)

小次郎講師 著
定価 1760円 (税込)

田渕 直也 著
定価 2200円 (税込)

菊地 正俊 著
定価 1760円 (税込)

定価変更の場合はご了承ください。